**Couvertures supérieure et inférieure
en couleur**

VICTOR MEUSY — EDMOND DEPAS

GUIDE DE L'ÉTRANGER À MONTMARTRE

PRÉFACE D'ÉMILE GOUDEAU

PRIX 1f 50

Texte de Clovis Hugues, Félix Decori, Ch. Chincholle, G. Montoya, Victor Meusy, Ch. Virmaître, J. Ballieu, Pierre Delcourt, Erik Satie, Cadet Butteux, etc.

Illustrations de Willette, Steinlen, Léandre, Grün, Rœdel, Merwart, Léonce Burret, Marius Étienne, Maigret, etc.

Chansons de Paul Delmet, Vincent Hyspa, V. Meusy, H. Maigrot, D. Dihau.

Dépositaire : **J. STRAUSS**, 5, rue du Croissant, Paris.

TOUTES EN VEULENT DES VOITURES

MAROT-GARDON

37, rue Brunel — PARIS

PLAN DE MONTMARTRE
avec Moyens de Communications
pour se rendre de
L'EXPOSITION UNIVERSELLE
à
MONTMARTRE

LÉGENDE

VICTOR MEUSY — EDMOND DEPAS

GUIDE

de l'Étranger

à Montmartre

1900

TABLE DES MATIÈRES

Petit Bleu à la Butte, préface d'ÉMILE GOUDEAU   7

Présentation, par VICTOR MEUSY.   9

Montmartre-artistes   12

La Poésie à Montmartre, par CLOVIS HUGUES   15

Montmartre au Palais, par FÉLIX DECORI.   17

Le père de Montmartre, par CH. BRINCROLLE   21

La Fantaisie Montmartroise:

Le Tube brisé, poésie de VINCENT HYSPA   27

Conseils à mon filleul, par G. MONTOYA   28

Les Musiciens de Montmartre, par ERIK SATIE.   31

Une femme qui passe, chanson de PAUL DELMET.   33

Les Fortifications parisiennes, chanson de VICTOR MEUSY . .   36

Montmartre et ses attractions :

La Boîte à Fursy.   41

Le Moulin Rouge   45

Le Tréteau de Tabarin   49

Le Carillon   51

Le Cabaret des 4 z'Arts   52

— 4 —

La Grande vie à Montmartre :

Le Bar du Tréteau de Tabarin. 54
Le Rat mort 57
La Place Blanche 61
La Nouvelle Athènes. 62
Le Cabaret Bruyant Alexandre 62
Le Café-Restaurant de l'Hippodrome. 63

L'École du Chat Noir, par Victor Meusy 65

Une journée sur la Butte, par Cadet Dotteux. 72

Montmartre à travers les âges :

Montmartre à travers les âges. 83
Henri IV à Montmartre, par J. Ballieu 89
Montmartre héroïque, par Ch. Virmaitre 95
Le vieux Montmartre, par Pierre Delcourt 99

Montmartre chorégraphique. 101

Attractions Montmartroises. 107

De Paris à Montmartre 111

Montmartre au Bois. — Les Chalets du Cycle. 117

Établissements de Montmartre :

GRANDE PHARMACIE DU XXᵉ SIÈCLE (Bon-Prime) . . 26
GRANDE PHARMACIE COMMERCIALE DE MONTMARTRE,
   (Bon-Prime). 66
GRAND BAZAR NATIONAL (Bon-Prime). 119
AU ROCHER SUISSE. 120
TAVERNE DE L'ERMITAGE. 120

PRÉFACE

PETIT BLEU
A LA BUTTE

~~~~~~~~~~~

Il y a vingt ans, nous criions :
— Qu'est-ce que Montmartre ? Rien. Que doit-il
être ? Tout.

Et Montmartre devint rapidement un Tout d'Art,
de Poésie et de Musique, si bien que son ambition
s'accrut et qu'une nouvelle formule succéda à la première : la séparation de Montmartre et de l'État.

Seulement, ce dernier cri ne répondait pas à une
exacte constatation des choses utiles. Il fallait à
Montmartre, capitale de Musique, de Poésie et d'Art,
un élément presque inconnu à ces hauteurs : le pain
quotidien.

Oui, le pain manquait à Montmartre ainsi que le
pantalon quotidien et la redingote hebdomadaire.
Le boulanger délaissait ces montagnards aristocra-
tes, et le tailleur, amer, inscrivait leurs noms sur le
livre noir des débiteurs insolvables.

Alors, Montmartre loin de vouloir se séparer du
reste de l'univers prit de conciliantes allures envers
Paris ; ayant assez dédaigné la richesse, il se tourna
vers le Veau d'or, et lui fit des excuses ironiques,
lestes et gouailleuses; mais le Veau d'or, qui est très
malin, feignit d'accepter comme franches paroles,

ces plaisanteries, et il vint à Montmartre couvrir les Artistes, les Poètes, les Musiciens, d'écus sonnants, de pain quotidien, même de smokings et de souliers vernis.

Les cabarets virent à leurs portes, jadis modestes, la cohue des voitures armoriées, et les banquiers les plus cossus apportèrent leur subside à cet ancien Golgotha, transformé en Gotha des chansons folles.

De là, maints hommes, d'un talent éprouvé par le grand air qui souffle de ces cimes, s'élancèrent vers la gloire boulevardière. D'autres, plus modestes, s'éloignèrent vers des sépulcres prématurés, sur lesquels nous pleurâmes. Plusieurs ont persisté à gravir la triomphale butte des Martyrs, avec une constance et un succès qu'un philosophe de la Plaine — de la Plaine-Monceau — doit saluer.

Vous ne sauriez ignorer que, sur ce sujet, maints volumes furent écrits, ornés de dessins précieux pour l'Histoire future.

Il est inutile de dire que celui auquel on a bien voulu me demander de faire un bout de préface, est, sans nul conteste, le meilleur. Je ne saurais manquer à un tel devoir de parrainage.

Donc, ce livre apparaît de tout point charmant, signé de noms aimés du public; les dessins sont parfaits, l'éditeur gracieux, et le papier d'une si belle fermeté qu'il vraincra la morsure des siècles.

C'est ce que je lui souhaite avec mon ancien cœur de Montmartrois, que les hasards de l'agriculture littéraire ont amené à être un pacifique Beauceron de cette Plaine-Monceau, où se cultivent aussi les céréales des Lettres et des Beaux-Arts.

Salut, vieux Montmartre, patrie des aigles et des moineaux francs, puissent tes mines d'or prospérer à tout jamais. Ainsi soit-il.

Émile GOUDEAU.

Présentation

~~~~~~~~~~~~~~~~~~

Paris possède deux Montmartre : le Montmartre officiel, connu administrativement sous la classification : xviii° arrondissement ; celui là ne fait pas exclusivement le sujet du présent livre, l'autre est un Montmartre conventionnel dont les limites peuvent changer suivant la vogue de certains établissements, mais dont le centre est toujours la Butte.

Prenez le plan de Paris, tracez une ligne partant de Notre-Dame-de-Lorette, allant par la rue du même nom, la rue Fontaine-Saint-Georges et la rue de Douai jusqu'à la place Clichy, où est la statue du maréchal Moncey, poussez encore dans l'avenue de Clichy jusqu'à la fourche formée par l'avenue de Saint-Ouen ; à droite, tirez une perpendiculaire qui coupera en deux la butte Montmartre et que vous arrêterez au boulevard Ornano. De là, revenez, en formant un angle aigu, par la rue Rochechouart, la rue de Maubeuge et la rue de Châteaudun, à cette même église, Notre-Dame-de-Lorette, et vous aurez, dans ses plus larges dimensions, cette part du gâteau parisien que les étrangers se doivent à eux-mêmes de visiter, s'ils veulent connaître la saveur, le goût de terroir de la capitale.

Montmartre ! ce nom a fait le tour du monde ; c'est quelque chose comme le Paris de Paris, comme un chef-lieu intellectuel dans la capitale des capitales, c'est la concurrence aux fameux *Boulevards*, c'est le quartier latin de la rive droite, c'est, en un mot, l'endroit à la mode où Paris s'amuse et convie les étrangers à s'amuser avec lui ; c'est ce pays merveilleux que nous avons pris à tâche de vous faire visiter.

Vous êtes arrivés, chers voyageurs, des brumes du nord ou des *soleillades* du midi, de l'ouest tiède ou de l'est au ciel rosé ; votre premier soin, si vous ne connaissez pas Paris, c'est d'aller sur les boulevards, et vous aurez raison, car, depuis la chute de ce vieux beau de Palais-Royal, agonisant depuis 1830, c'est là que bat le cœur de la capitale.

Quand vous aurez « dégusté » pour ainsi dire, cette crème de parisianisme qui s'appelle le boulevard, cette atmosphère qui grise tout d'abord ; quand vous aurez fait vos premiers pas sur l'asphalte : « comme au commencement d'une traversée on s'exerce à marcher sur le pont du navire pour avoir le pied marin » selon l'expression de Camille Debans dans ses *Plaisirs et Curiosités de Paris* ; quand vous serez devenu *boulevardier* et, pour cela, il ne vous faut guère que l'espace de temps qui sépare l'apéritif du souper, c'est-à-dire de 7 heures du soir à 1 heure du matin ; alors vous chercherez d'autres attractions car, au bout de trois soirées passées dans ce perpétuel va-et-vient sans but, sans surprises, vous aurez envie de voir autre chose ; vous vous direz que ce grand Paris doit posséder un endroit moins guindé, moins *convenu* où la jeunesse trouve un autre passe-temps que celui de promener un pardessus beige, un faux-col monumental, une canne et un monocle de la place de l'Opéra à la rue Drouot et de la rue Drouot à la place de l'Opéra !

Mais où aller ? aux Champs-Élysées ? Hélas ! l'Exposition les a accaparés et, comme je suppose que vous avez consciencieusement parcouru chaque jour une partie de cette merveilleuse foire, vous voulez, avec raison, prendre un peu d'air, ne pas retomber dans les choses vues, trouver d'autres spectacles que ceux qui ont été montés, pour vous, dans cette rue de Paris qui ressemble plutôt à tout ce que vous connaissez. Non ! vous voulez voir Paris, celui qui est resté *at home !*

Allez à Montmartre !

Le guide en mains, faites-vous conduire sur cette antique montagne, où chantent toutes les cigales de Paris, où roucoulent toutes les jolies colombes du pigeonnier de Lutèce.

Huit soirées bien employées à Montmartre vous laisseront de Paris l'impression la plus agréable, et nous sommes certains qu'aux prochains voyages votre premier mot en débarquant sera : *cocher, à Montmartre !*

Nous allons donc vous conduire dans tous les *coins* montmartrois, les bons et les mauvais ; ces derniers n'étant d'ailleurs pas les moins bons.

Victor Meusy.

Montmartre

Artistes

~~~~~~~~~~

Quand on parle de Montmartre, ce nom évoque tout un monde de peintres, de littérateurs, de journalistes, de poètes, de dessinateurs et de chansonniers.

L'antique Mont-Aventin est la pépinière artistique de Paris, au point de vue intellectuel, comme la pépinière de la Muette l'est pour la flore : l'une anime les masses par son espoir et par les yeux et l'autre par le parfum de ses fleurs.

Il faudrait un volume pour célébrer les gloires de la Butte.

Fernand Pelez, le peintre de la misère, qui fait concurrence à la violette pour la modestie.

Nils Forsberg, l'ancien berger, célèbre par son tableau : *la fin d'un héros*. En voilà un qui n'a pas séduit la fortune, comme il sait nous séduire par son talent.

Gagliardini, un grand artiste, dont le pinceau exhale un charme à nul autre pareil.

Ziem, le peintre de Venise, qui prend ses modèles

de lagunes et ses vues de Venise dans la rue Lepic,
du haut de sa forteresse.

Faverot, le bon et gros réjoui, un émule de Charles
Jacques, un pur Montmartrois qui n'aime que le rus-

au MAÎTRE
MARCELLIN DESBOUTIN
Paul Merwart

PORTRAIT DE DESBOUTIN

tique : un intérieur de ferme n'a pas de secret pour
lui.

Georges Lévadé, qui s'est adonné à peindre des
tableaux minuscules, sans doute pour justifier la loi
des contrastes, car c'est un Falstaff des plus réussis.

Willette, le pilier du *Courrier français*, le prota-
goniste de Pierrot, qui rêve, si Montmartre revenait
en commune, d'être le capitaine des pompiers.

Valère Morland, le dessinateur aimé de la *Sil-
houette*, mais détesté de ceux que la *Comédie poli-
tique* de Lyon flagelle sans pitié.

H. Somm, le dernier des Japonais dont les aquarelles font la joie des adorateurs de la Parisienne et des amateurs de la fine satire.

Léandre, le grand artiste dont le succès enchante tous ses nombreux amis, à tel point que, lorsqu'il a reçu la croix de la Légion d'honneur, tout Montmartre en ressentit une noble fierté.

Steinlen.

> Dans ce portrait que votre œil examine,
> Reconnaissez Steinlen et sa barbe aux flots d'or...
> C'est en vain que chacun vante sa mine :
> Celle de son crayon vaut beaucoup mieux encor.

René Maigret, librettiste, musicien, dessinateur, toute la lyre, artiste consciencieux et passionné — les extrêmes se touchent... mais pas à la Banque de France.

Henry Rivière, le successeur direct de Puvis de Chavannes, l'illustrateur de la *Marche à l'Etoile* et de tant d'autres chefs-d'œuvre du petit théâtre d'ombres du « Chat Noir. »

Marcelin Desboutin, dont nous reproduisons plus haut la physionomie caractéristique due au crayon de **Merwart,** le très artiste dessinateur du Ministère de la Marine, **Defeuille, Grün, Léonce Burret, Bombled, Truchet, de Specht, Vibert, Trouillebert, Troupeau Tho'er, Tattegrain, A. Stevens, L. Stevens, T. Robert-Fleury, P. Renoir, J. Richomme, Quinsac, E. Petitjean, A. Perret, Mesplès, G. Moreau, Masson, H. Lévy, W. Mac Ewen, Loustaunau, Hugo d'Alési, Henner, Grasset, Gérôme, J. Worms, J. Sylvestre, Rostaing** etc., etc.

La place nous manque pour compléter la liste de toutes les célébrités du pinceau, du crayon et du burin, qui peuplent les hauteurs montmartroises.

La Poésie
à Montmartre

A mon ami Paul Bellier.

Montmartre est le bruyant sommet
Où la Muse surgit, pareille
A la nymphe qui chante et met
Son chapeau floré sur l'oreille.

Si nous vivions encore aux temps
Où la Dryade et l'asphodèle
Se miraient aux mêmes étangs,
Les Dieux seraient amoureux d'elle.

Mais, si près qu'elle soit des cieux,
Dans les splendeurs de son Olympe,
Ce n'est point pour les vastes Dieux
Qu'elle a jeté corset et guimpe.

Loin du trépied et des autels,
Cette grande sœur de Lisette
Préfère à tous ces immortels
Un gueux qui lui fasse risette.

Point de bijoux dans son coffret !
Si quelque barde peu sévère
L'approche au seuil du cabaret,
Elle accourt et boit dans son verre.

CLOVIS HUGUES
PAUL MERWARE

Sitôt qu'elle a dit sa chanson,
Les doigts envolés sur la lyre,
La gaieté de Mimi Pinson
Refleurit aux lèvres d'Elvire.

Si vous lui rappeliez qu'elle a
Plus de moulins que de galette,
Elle vous répondrait : Lonla !
Et ferait une pirouette.

Ce qu'elle a suffit à ses goûts,
Dans le bonheur ou dans la peine,
Pourvu que le vieux nid soit doux
A la grande nichée humaine.

Tout pauvre diable est son ami,
Quand un coup du destin l'affale :
Elle ne se ferait fourmi
Que pour secourir la cigale.

Dès qu'elle arrive, c'est Noël ;
Et si peu qu'en les nuits sans voiles
Ses bras nus flottent dans le ciel,
On voit sourire les étoiles.

Clovis Hugues.

Paris, le 6 Février 1900.

Montmartre au Palais

Où Sont-ils ?

Où sont-ils, Vierge souveraine ?
Mais où sont les neiges d'antan.
FRANÇOIS VILLON.

« Oui, messeigneurs, Montmartre, la cité sainte, Montmartre, mamelle sacrée, œil du ciel, nombril du monde, Montmartre a conquis Paris et les Gaules ! »

Ainsi s'épanchait en ondes sonores, les soirs de grand gala, la verve intarissable et gouailleuse du gentilhomme cabaretier Rodolphe Salis, et les « seigneurs » frisés, ondulés et vernis, l'œil vitreux sous le monocle, la barbe blonde élégamment étalée sur le plastron luisant, immobiles, bouches bées, buvaient la paradoxale leçon d'histoire du rapin montmartrois.

Salis avait-il raison ? Fût-ce Montmartre qui conquit Paris ? Ne fût-ce pas plutôt la cohorte latine qui, franchissant la Seine, escalada victorieusement la butte ? Je l'ignore et laisse aux paléographes de l'avenir le soin de résoudre ce délicat problème d'histoire.

Toujours est-il qu'à cette époque heureuse et

lointaine de l'année 1883, les cabarets de la Butte et le Chat Noir lui-même furent envahis par des légions d'étudiants barbus, chevelus et verbeux, rimeurs inlassables, musiciens opiniâtres, qui, désertant les cénacles du quartier Latin et les littéraires soirées des fameux « Hydropathes », conquirent les tables et domptèrent les pianos des cafés montmartrois.

Pendant des années, ils sévirent! Le triomphe ne les lassait pas. Il n'était pas possible de pénétrer dans le plus ignoré cabaret sans que, au tintement de dix heures, un poète surgit dans un coin et, l'œil en feu, la lèvre amère, ne jetât aux solives enfumées du plafond l'ironie cinglante de ses strophes vengeresses.

A peine s'était-il résigné au silence, qu'un camarade bouillant d'impatience s'était jeté sur le piano et plaquait les accords fougueux d'une musique aux orchestrations audacieuses qui se vengeait de sa naïveté par sa bruyante violence.

Et puis tout à coup, cet engouement disparut. Peu à peu les éphèbes latins, musiciens et poètes, rentrèrent dans les obscurités anonymes et ceux de leurs camarades qui les suivirent et les remplacèrent dans les cabarets montmartrois, n'y vinrent plus qu'en simples spectateurs, spectateurs gourmés et froids, dont la lèvre figée avait peine à sourire et qui, savants et graves, ne buvaient plus, ne riaient plus, ne chantaient plus, n'aimaient plus.

Or, je me suis souvent demandé ce qu'ont bien pu devenir ces artistes morts jeunes, et quels changements, près de vingt ans écoulés, ont pu apporter sur leurs visages et dans leurs cœurs. Que sont-ils aujourd'hui? O Vierge souveraine, où sont les neiges d'antan?

Hélas ! leur fin fut misérable et prosaïque. Après les enivrements littéraires et les rires capiteux de gloire et de succès, après les trois ou quatre ans d'études et d'orgies parisiennes, la douce et molle province les a repris. Lentement, savamment, elle les a reconquis. Avec d'ingénieuses traîtrises de bonne mère, elle les a bercés de sa vie monotone, elle a rafraîchi leurs fronts brûlants de poètes, elle a calmé leurs fièvres, assagi et dissipé leurs rêves et, petit à petit, elle les a endormis sous ses moelleux capitons.

Parfois, au cours de mes voyages en province, il m'a été donné de retrouver çà et là dans de petites villes ignorées et candides, ces débris jadis glorieux, semblables aujourd'hui aux petites vieilles de Baudelaire. Médecins, conseillers de préfecture, notaires, professeurs, avoués, magistrats, ils viennent serrer la main du vieux camarade d'autrefois et réveiller avec lui l'écho des triomphes passés.

Hélas ! ces « m'as-tu vu » ne sont plus que des « t'en souviens-tu ? » Le réveil même dure peu. L'œil à peine allumé de la belle flamme d'autrefois s'éteint, la verve de jadis s'essouffle et halète vite et le vieux Pégase fourbu choppe des deux pieds et s'abat.

Dernièrement j'ai rencontré l'un d'entre eux dans une vague sous-préfecture où m'avait amené le hasard des affaires. Pendant que je plaidais, je voyais en face de moi le crâne déjà chauve, le visage glabre et prématurément ridé d'un avoué qui semblait m'observer avec une sorte de curiosité attendrie. Une sympathie se lisait dans ses yeux et un sourire jouait sur ses lèvres, illuminant une bonne figure grasse et rougeaude allumée au feu des chambertins authentiques.

L'audience levée, il m'aborda avec résolution :

« — Ah ! quel plaisir j'ai eu à vous entendre ! Vous m'avez rajeuni en m'apportant cette bouffée d'air parisien ! C'est que, voyez-vous, j'ai longtemps habité Paris, le quartier latin, Montmartre et même — ajouta-t-il d'une voix plus basse en jetant autour de lui un regard un peu inquiet — moi aussi j'ai dit des vers au Chat Noir ! »

Le brave homme était lancé, rien ne put l'arrêter. Il me fallut le subir jusqu'au bout. Il ne me quitta qu'à la gare où il faillit d'ailleurs me faire manquer le train. Les wagons s'ébranlaient déjà qu'il était encore sur le marchepied, essayant de rattraper de fuyants hémistiches.

Et je ne sais pourquoi j'entendis chanter au fond de mon souvenir les vers du vieux Nadaud, grand-père des chansonniers montmartrois.

> Ah ! maître Lehègue
> Mon très cher collègue
> Paris est un bel endroit,
> Nous y faisions notre droit
> Nous étions célibataires !
> Et nous n'étions pas
> Hélas !
> Et nous n'étions pas
> Notaires !

Félix Decori.

LE PÈRE DE MONTMARTRE

Que de fois ne vous est-il point arrivé de rencontrer, dans vos voyages ou simples promenades, une statue, un buste évoquant les bienfaits semés ici ou là par telle ou telle gloire locale ?

Dans leur épopée merveilleuse, les *Cadets de Gascogne* ont fait surgir sous leurs pas, du Rhône au Tarn, une forêt de monuments commémoratifs.

Il serait impossible que, dans un ouvrage consacré à Montmartre, un hommage ne fût pas rendu à celui qui, en y ouvrant le premier établissement pittoresque, a été véritablement le créateur du genre auquel la Butte sainte doit l'immortalité ; le père de la Cité dont la splendeur, aux yeux de l'étranger ébloui, a éclipsé Paris même.

Ce créateur, ce père, hélas, qui le connaît aujourd'hui ?

On oublie si vite, à Montmartre surtout, — la vie y étant plus intense que partout ailleurs !

Celui dont je veux parler s'appelait Laplace. Ce n'était pas un artiste, mais il avait fréquenté tant d'ateliers qu'il n'était plus un bourgeois.

Il faisait ce métier — avantageux pour tout le monde, lui compris, — de dire à des gens cossus:

— J'ai vu hier un tableau bien joli qui rapporterait gros à celui qui l'achèterait.

Puis il se taisait. On le pressait de questions. Il

faisait le coquet. Finalement, il vendait assez cher le tableau que, peut-être, il ne connaissait pas encore au moment où il le célébrait.

Il faut dire que Laplace, dont j'ignore l'origine, avait cette douce voix lyonnaise qui semble prédestiner les gens au commerce.

Une chose le choquait : la banalité de nos cafés.

— Il n'y a pas de différence, disait-il de sa voix toujours lyonnaise, mais mouillée de mélancolie, entre le café de Madrid, la brasserie des Martyrs et la Nouvelle-Athènes. Il me semble pourtant que chaque établissement devrait avoir sa physionomie particulière, appropriée à ses habitants.

« Ainsi, je voudrais que des artistes se rencontrassent autre part qu'entre des murs tout blancs, devant les mêmes tables de marbre où boivent des banquiers et des épiciers. Qu'en pensez-vous, monsieur Fréret, monsieur Jacque ? »

Et Armand Fréret, — aujourd'hui l'un des dignitaires de notre Musée du Louvre, — et le peintre Charles Jacque et tous les artistes devant qui Laplace émettait ses théories fécondes, répondaient :

— Nous irions certainement dans le café que vous rêvez...

— Vous l'aurez !!! s'écria, un jour de 1878, l'inventeur du pittoresque Montmartrois.

Et, quelques mois après, il ouvrait, au haut de la rue des Martyrs, entre l'avenue Trudaine et la rue qui devait devenir, non sans protestation, la rue Victor Massé, un établissement pas grand, mais joli comme tout, distingué au possible, un vrai cadre d'artistes.

Au lieu des insupportables glaces, un vitrail merveilleux montrant en couleurs vives la célèbre composition du maître Bracquemond : « Ils s'en allaient dodelinant... »

Contre les murs, de superbes tapisseries fournies par un concierge savant de la rue Bochard de Saaron, dont le véritable métier était de remettre à neuf les Gobelins ou les Beauvais détériorés.

Plus de marbre décoloré par l'acidité des bitters ; du bon bois bien luisant !

Plus de divans poussiéreux ; des sièges en chêne fortifiant les chairs !

Et partout, çà et là, sur les portants, sur le comptoir, des objets du xvie siècle d'où venait, presque authentiquement, la vaisselle.

Ah ! quelle inauguration ! Ce cadre antique nous parut être celui d'un monde nouveau. La tête de Laplace était cerclée d'une auréole de prophète.

Parmi les fidèles du nouveau cabaretier étaient combien d'amis aujourd'hui morts : Charles Monselet, Eugène Lavieille, le peintre des nuits ; Charles Jacque, le peintre des moutons ; Eugène Petit, le peintre des fleurs ; Feyen-Perrin, André Gill, Hoschedé, Rodolphe Salis, alors tout jeune, mais déjà bruyant.

Les vivants s'appellent encore Armand Fréret, Carjat, Ponchon, Vigneron, Prétet, Aimé Perret, Mousseau, etc.

L'établissement avait pour enseigne : « A la grande Pinto. » Personne ne l'a jamais désigné ainsi.

Nous avons toujours dit : « Chez Laplace ! »

Pauvre Laplace ! Il avait parmi ses premiers clients de trop grands appréciateurs qui allaient bientôt lui faire une concurrence terrible.

De ce cadre moyen-âgeux, Rodolphe Salis, qui déjà s'apprenait, la nuit, à « engueuler » les tard-venants et le voisin Mousseau, marchand d'oiseaux, le jour, et joyeux comédien le soir, variaient, en leur cerveau, la décoration ambiante, éminemment variable, et concevaient, l'un, le *Chat noir*, l'autre l'*Auberge du Clou*.

Plus vite qu'eux, Charles Moreux, moins ambitieux, créa, rue Dancourt, le *Plus grand Bock*, où Caran d'Ache rencontra Adèle, où Willette se plaisait à deviser avec Henri Somm, où Marius Etienne m'attendait.

Plus vite encore, Salz, qu'il ne faut pas confondre avec Salis, improvisa les *Assassins* qui d'ailleurs ne sont jamais restés qu'une improvisation.

Et, tout à coup, tout d'un coup, Montmartre se couvrit d'établissements pittoresques, où les uns trouvèrent la fortune, les autres la ruine, où la plupart devinrent célèbres, illustres même.

C'est en tout cas Laplace qui, le premier, a conçu et réalisé l'idée de donner à la Butte une couleur nouvelle, couleur d'histoire, d'art, — et surtout de fantaisie dans l'histoire et dans l'art.

C'est vraiment lui le père, putatif et naturel, de Montmartre.

Il est mort vers 1874.

N'y aurait-il pas justice à placer son buste au milieu de ce joli triangle qui s'étend entre la rue des Martyrs, l'avenue Trudaine et la rue Victor Massé ?

La *Boîte à Fursy*, le *Carillon*, le *Tréteau de Tabarin*, les *4 Z'Arts*, etc., tous ceux qui doivent à Laplace un peu de leur renom et de leurs écus ne se croiraient-ils pas obligés de souscrire aux frais du petit monument ?

Quant à moi, je ne passerais jamais là sans m'être procuré des fleurs ; je serais heureux de déposer un témoignage de reconnaissance, un petit bouquet devant le père de Montmartre.

Ne nous a-t-il pas donné tout ce qui nous a reposés de Paris ?...

CHARLES CHINCHOLLE.

La Fantaisie

Montmartroise

~~~~~~~~~~~

LE TUBE BRISÉ

Le tube où dort cette cervelle
D'un coup de canne fut fêlé,
Le coup dut l'effleurer à peine
Aucun bruit ne l'a révélé.

Mais un chapelier sur mesure,
Muni de son fer, chaque jour
D'une main invisible et sûre
En a fait lentement le tour.

Son beau poil a fui goutte à goutte,
Ses huit reflets ont dévissé;
Personne encore ne s'en doute ;
Touchez pas ! il est cabossé.

Souvent ainsi la main qu'on aime
Tout en badinant vous meurtrit
Et le chapeau du chef suprême
N'en est pas lui-même à l'abri.

Toujours intact aux yeux du monde
Il porte haut, mais il est las,
D'une lassitude profonde,
Il est cabossé, touchez pas !

SULLY-PRUDHOMME

Pour copie informe :
E.-V. HYSPA.

Conseils à mon Filleul

âgé de huit jours

Mon cher Petit Jean, bien que ton oreille
Soit rebelle encore au doux bruit des vers,
Bien que tes yeux ronds quand le jour t'éveille
Regardent sans voir ou voient de travers,

En ma qualité de parrain poète,
Sans prétendre en rien faire la leçon,
Puisque le curé t'a lavé la tête
J'y viens après lui d'une autre façon.

C'est stupéfiant ce qu'on est précoce
En ce siècle amer d'Electricité,
Bien que né d'hier, tu n'es plus un gosse :
Je te parle donc, sûr d'être écouté.

Ainsi te voici venu dans la vie,
Sans tambour ni trompe et par un beau soir;
Ton père est heureux, ta mère est ravie,
Tu suces ton pouce et cours au pressoir.

Tout beau ! jusqu'ici, mais je dois te dire
Qu'un pareil bonheur dure peu de temps
Et qu'après commence un cruel martyre,
Dont le premier acte est : « faire ses dents! »

Tout marche assez bien pour les Incisives,
Mais les dents de l'œil font leurs embarras,
Car ces dents toujours furent agressives :
Donc pour les avoir, Jean, tu pleureras.

Mais sautons des mois pour aller plus vite;
Je te vois déjà petit écolier
Qu'un pion grincheux et crasseux invite
A prendre au travail ardu le collier.

Tu pourras, c'est sûr, la trouver mauvaise
Et pourtant ce n'est qu'un maigre début
Car elle est plus rude encor la fournaise
Où l'on doit griller pour atteindre au but

GABRIEL MONTOYA

(Dessin de Léandre)

Comme tu grandis... aussi rond qu'un diacre.
Déjà bachelier... oui, mais à présent,
Cherche si tu peux un cocher de fiacre
Qui n'ait pas ses deux bachots, c'est rasant

Tu voudrais pourtant faire quelque chose,
Banquier?... je t'en fiche, il faut de l'argent.
Notaire?... Et l'Etude? Ah! tout n'est pas rose ;
A quoi ça sert-il d'être intelligent?

Médecin? jamais l'hôpital ça schlingue :
Avocat?... Oui, mais il faut du bagout :
Député?... caca, dans chaque meetingue
Il faut discuter du tout à l'égout.

Eh! bien, par ma foi, ça n'est pas commode;
Chimiste? épicier? droguiste? Ah! mais non!
Militaire? hélas, ce n'est plus la mode,
Et puis, c'est troublant le bruit du canon.

Pourtant à moins que le diable s'en mêle,
Faut te décider, mon filleul, c'est sûr,
Car tu ne peux pas battre la semelle
Toute une existence, au pied d'un vieux mur.

Que feras-tu donc?... Ça, je le déclare,
C'est fort difficile à prévoir, mon vieux,
Mais c'est mon devoir de te crier gare,
Car il est un cas au moins curieux :

C'est celui, de tous le plus ridicule,
Où te découvrant du goût pour le beau,
Parmi les frimas, sous la canicule,
Tu voudrais de l'art brandir le flambeau,

Chanter, rimer, peindre, ou sculpter peut-être?
En ce cas, mon cher, ne balance pas!
Habite un cinquième et par la fenêtre,
Va voir illico ce qu'on fait en bas!

Gabriel MONTOYA.

LES CHANSONNIERS CHEZ EUX

(Dessin de Léandre).

L'Europe nous contemple!

LES MUSICIENS

de

MONTMARTRE

On me reprochera d'être bref, cela m'est égal.

Il y a deux ou trois cents ans, bien peu des musiciens actuels de la Butte existaient, leur nom était
ignoré du gros public, et même du mince. Tout cela
a bien changé, surtout — semble-t-il — depuis ces
dix dernières années.

J'aurais voulu, au moyen d'usages talismaniques,
hors de la portée des brucolaques, accomplir, au
moins une fois, ce qui fut toujours mon plus grand
désir : **l'exécution d'un passage commémoratif
pavoisant les musiciens les plus respectés de
Montmartre.**

Mais alors, saisi d'un trouble que j'attribue froide-
ment à une exquise timidité obtenue par un recueil-
lement salutaire, je vis qu'il fallait que je me démisse
— à regret, cela va de soi, — d'une tâche que je
considère comme succulente, car, malgré mon intel-
ligence, il m'est impossible d'exprimer, en le si étroit
espace dont je dispose ici, l'entière majesté de ma
pensée et de mon sujet ; et résolus-je d'aviser le pas

sant à Montmartre, qu'il lui sera facile d'assister —
en payant, bien entendu — à quelques soirées dans
plusieurs des splendides cabarets réunis sur cette
sorte de promontoire merveilleux, pour avoir une
idée presque photographique de ce que je devrais
écrire présentement.

Là, il entendra de ses propres oreilles, ou de celles
des autres, des vibrations d'une telle saveur, qu'il
s'exclamera lui-même : **Si la musique ne plaît pas
aux sourds, même s'ils sont muets, ce n'est pas
une raison pour la méconnaître.**

Je me retire avec simplicité.

ERIK SATIE.

UNE FEMME QUI PASSE

Poésie de Henri **MAIGROT**.   Musique de **Paul DELMET**.

Andantino.
dolce.

Dans tes yeux verts sont les pro-

-mes-ses De tou-tes les fé-li-ci-

cresc:

-tés,___ Vers toi___ s'en-vo-lent,___ em-por-

-tés___ Et mes dé-sirs et mes ca-

rall. f a Tempo.

-res-ses... Femme in-con-nue,___ où t'en vas-

élargissez. a Tempo.

-tu?___ Es-tu le vice ou la___ ver-tu?

I

Dans tes yeux verts sont les promesses
De toutes les félicités ;
Vers toi s'envolent, emportés,
Et mes désirs et mes caresses...
Femme inconnue, où t'en vas-tu ?
Es-tu le vice ou la vertu ?

II

Es-tu bourgeoise ? es-tu marquise ?
Qu'importe puisque je te veux.
Oh ! le parfum de tes cheveux,
Comme il m'enveloppe et me grise !
Arrête-toi, dis-moi ton nom
Es-tu l'ange, es-tu le démon ?

III

Sur tes lèvres sont les mensonges,
Les noirs mensonges de l'amour...
Qu'importe ! Si pour tout un jour,
Tu m'ouvres le pays des songes !
Prends tout mon être dans tes bras,
Mais mon cœur tu ne l'auras pas.

IV

J'étais jeune, elle était jolie,
La belle écouta mon discours
Et depuis... je l'aime toujours
Et l'aimerai toute ma vie!
L'amour est sans frein et sans loi.
Le ciel est bleu. L'amour est roi!

⊼

(1) Cette chanson est extraite d'un exquis volume,
intitulé **Chansons tendres**, dans lequel les Éditeurs
ENOCH et Cᵗᵉ, ont eu l'excellente idée de réunir cinquante
des meilleures chansons de Paul Delmet, le chansonnier le
plus populaire de Montmartre.

Léonce Burret, ce poète du crayon, les a illustrés de
150 petits chefs-d'œuvres et dont nous donnons ici deux
spécimens.

Le prix du volume est de **3 fr. 50**.

Les Fortifications Parisiennes⁽¹⁾

Musique de **Désiré DIHAU**. — Paroles de Victor **MEUSY**

Du peuple, c'est la promenade,
        L'attraction,
Ceux-là qui sont dans la panade,
        L'inaction,
Aussi bien qu'ceux qui, tout' la s'maine,
        Turbin'nt, captifs,
L'dimanch', tout l'monde se promène
        Sur les fortifs.

(1) Cette chanson est éditée sous le titre : **Sur les Fortifs**, chez l'Editeur A. PATAY, 6, passage de l'Industrie, à Paris, où l'on trouve également les chansons de Victor Meusy.

Sur l'talus, posant leurs croupières
    Au même niveau,
On y voit des famill's entières
    Manger du veau,
En guis' d'absinthe ou d'anisette,
    D'apéritifs,
On a des odeurs de poudrette
    Sur les fortifs.

L'son du tambour et d'la trompette,
    Le chant des cors,
Font tant d'bruit, que l'tympan vous pète
    A leurs accords;
On a soupé des airs de flûte,
    D'crincrins poussifs;
C'est du Wagner qu'on exécute
    Sur les fortifs.

Celui qui joue à la roulette,
    Au biribi,
Celui qu'aime à perd' sa galette
    Est bien ici.
Les bonn'teurs ont, pour *chauffer l'carme*
    Tant d'bons motifs,
Quand leurs commis crient : au gendarme!
    Sur les fortifs!

La môm' qu'on croise dans la zone,
    Ne rougit pas,
C'est l'audacieuse amazone
    De ces Pampas;
Du haut des talus qu'elle émonde
    D'ses pieds rétifs,
Elle dévisage le monde
    Sur les fortifs.

Les gigolots, les gigolettes
    S'tenant la main,
S'en vont faire des galipettes
    Loin du chemin;
Et quand ils croient l'père et la mère
    Moins attentifs,
Ils s'épous'nt sans l'secours du maire,
    Sur les fortifs.

Les lundis, le pochard sublime
        Vient y ronfler
Sans songer qu'au fond de l'abîme
        Il peut rouler ;
Et quand, très tard, il se réveille,
        Ses r'gards furtifs
Cherchent encore une bouteille
        Sur les fortifs.

L'soir on rencont' plus d'un fripouill'e
        Extra muros,
Qui vous assomme et vous dépouille
        De vot' pauvre os.
C'est pas la pein' d'app'ler du monde,
        D'vos cris plaintifs...
N'y a qu' l'écho qui vous réponde
        Sur les fortifs.

Victor Meuse.

Montmartre

et ses

Attractions

PLACE PIGALLE

PLACE BLANCHE

PLACE CLICHY

La Boîte à Fursy

Comment l'Hostellerie du Chat Noir fondée par **Messire Salis, de Chatnoirville-en-Vexin, baron de Nintré et aultres lieux,** *est-elle devenue la* **Boîte à Fursy ?**

~~~~~~~~~~~

C'est que, depuis la disparition de *Salis,* le chansonnier *Fursy* est le seul ayant réuni autant de qualités d'aimable rosserie et de science des goûts mondains, c'est qu'il s'est senti assez vaillant pour faire flotter, de nouveau, l'oriflamme de la Butte sacrée et pour jeter aux chansonniers, ses frères, le vieux cri de ralliement : *Montjoye-Montmartre !*

Dans ce petit hôtel du 12 de la rue Victor Massé, où les murailles doivent avoir, plus qu'en aucun autre endroit, l'éternel regret de n'avoir point d'oreilles, *Fursy* a fait ce tour de force de reconstituer un centre d'attractions artistiques depuis longtemps disparu, de rallumer un foyer que l'on croyait à jamais éteint et de faire concurrence au succès écrasant d'un passé glorieux, à l'endroit même où le souvenir en est resté plus vif.

La *Boîte à Fursy* n'a pas besoin de réclame, et le moindre commentaire porterait atteinte à la réalité de son immense succès. Le Tout Paris, ce Tout Paris qui, à présent, s'étend aux cinq parties du Monde, a vu, voit ou verra la *Boîte à Fursy.* Quant aux Mondains de Paris et de l'Europe entière, ils en on fait leur endroit de prédilection, et la petite salle de spectacle est certainement le salon le plus régulièrement fréquenté par tout ce que Paris compte de noblesses, de talents et d'élégances.

A côté de *Fursy* dont les *Chansons rosses* naissent avec les événements et sont le régal impatiemment attendu d'un auditoire avide de gaieté, Mademoiselle *Odette Dulac* est le Charme en personne : c'est la diseuse la plus spirituelle, la chanteuse la plus exquise ; elle met tant d'art dans ses créations que, parmi ses camarades les auteurs, elle n'est aucunement dépaysée : c'est plus que de l'interprétation ; *Odette Dulac* collabore à tout ce qu'elle chante et par l'esprit qu'elle en tire et par la grâce qu'elle y ajoute.

Vincent Hyspa, poète ironique des Printemps trop verts, pourfendeur du Dahlia, qui tient toujours en réserve des couplets-confetti qu'il jette (les deux mains dans ses poches) au nez auguste du Président (Emile). Membre de l'Académie (libre) de Médecine de Van Couver pour sa belle cantate du Peptomane.

Paul Delmet, dont on ne peut rien dire... puisque tout le Monde le chante, le compositeur des *Stances à Manon*, des *Petits Pavés*, du *Vieux Mendiant*, des *Choux*. (Voir la suite sur tous les pianos).

Gabriel Montoya, l'excellent poète doublé d'un chanteur exquis, auquel les Arts et les Lettres doivent le sacrifice du Doctorat en Médecine obtenu à Montpellier... il est vrai qu'il était déjà, quoique très jeune, Docteur en Poésie.

Georges Chepfer, l'amusant diseur de scènes hilarantes, qu'il compose lui-même, sur tous les mondes, grands et petits ; l'imitation faite homme : il possède autant de sortes de voix qu'il façonne de personnages. Une grande finesse d'observation.

Théodore Botrel, dont les chansons bretonnes *font pousser les genêts quand on les chante*, a dit

La Boîte à Fursy

Edmond Rostand, et qui, en plein hiver, au coin du feu, vous font également *pousser les chenets* d'un pied distrait, tellement elles vous transportent vers la mer immense, le ciel bleu et les landes dorées de la Bretagne ; auteur des *Chansons de chez nous*, des *Chansons de la fleur-de-Lys*, etc.

Le poète du Berri, *Hugues Lapaire*, vient y dire des poésies en patois, des chansons Berriaudes qui donnent une sensation exquise de la Nature dans sa rude beauté ; l'auteur de ces idylles charmantes possède le don d'émouvoir par une diction juste, et c'est de *Hugues Lapaire* que l'on a pu dire qu'il était le vrai poète de la vraie campagne.

Les deux *frères Mévisto*, aux talents si parfaits dans leur dissemblance, jouent avec infiniment d'esprit les plus spirituelles pièces de nos auteurs gais. *Louise France* leur donne la réplique avec une science et une tenue dans la Fantaisie qui ne la rendrait pas déplacée sur la scène de la Comédie (avec un grand C).

J'allais oublier l'excellent *Léon Berton*, qui joue avec beaucoup de finesse et d'entrain.

Enfin il n'est pas rare d'entendre chez *Fursy* des chansonniers tels que *Jean Varney, Gaston Sécot, Baltha* et beaucoup d'autres qui viennent apporter leur précieux concours et le prestige de leur célébrité montmartroise.

VICTOR MEUSY.

Le Moulin Rouge

De tous les bals célèbres de la Butte-Montmartre, un seul a survécu ou, pour mieux dire, sur l'emplacement de l'ancien bal de la Reine-Blanche, la baguette d'une fée s'est plue à faire naître un pays des Mille et une nuits, pour y placer le temple de Terpsichore.

Le monde entier connaît ce *Moulin Rouge* qui tourne ses bras lumineux aux quatre vents de la joie et le succès de cet établissement unique s'explique par la profusion des attractions qui y sont réservées au public.

Un concert, où l'on entend les meilleurs artistes, précède la soirée dansante ; parfois même une alerte et spirituelle revue des événements de l'année est jouée sur la charmante petite scène de concert puis, à 10 heures, le grand orchestre fait entendre ses premiers accords et la foule des danseurs prend possession du grand hall merveilleusement décoré; alors ce sont des quadrilles entraînants, des vis-à-vis bouffes où la gaieté gouailleuse des jolies montmartroises se donne un libre cours, des valses captivantes et des polkas, si propices aux galants propos.

Par les soirées douces de notre climat montmartrois, les jardins, où brillent mille feux, jettent pudiquement une voilette de feuillage sur les groupes amoureux et les fleurs se ferment de dépit de voir autant de jolies lèvres sur lesquelles fleurit le rire perlé de la parisienne.

L'hiver, *les cortèges historiques*, qui sont une innovation du Moulin Rouge, attirent tout Paris artistes et amateurs.

Nous donnons, ci-contre, quelques reproductions des invitations à ces fêtes des yeux, dont la Direction du Moulin Rouge avait confié

Composition de René Péan.

l'exécution à l'excellent artiste Roedel, enlevé si prématurément à ses amis.

Les Cortèges allégoriques du Moulin-Rouge

Compositions de ROEDEL

MARS ET VÉNUS

LES ROIS A MONTMARTRE

Le Tréteau
de Tabarin

Au n° 58 de la rue Pigalle, Maurice Ropiquet fonda vers la fin de 1895 le *Tréteau de Tabarin* qui devint, en très peu de temps, le rendez-vous de la haute société. — L'intelligent directeur ajouta aux chansonniers transfuges du Chat Noir l'attrait de petites pièces d'une croustillante fantaisie, signées des meilleurs auteurs et revuistes : Jean Lorrain, Jacques Redelsperger, Paul Gavault, Victor de Cottens, Zamacoïs, Alphonse Dumas, Docquois, H. de Gorsse, Jules Oudot, Mongerolle, Victor Meusy, F. Disle, Nell, Louis Artus, etc., etc.

Adrien Le Gallo, un comédien d'un talent très fin,

3

d'une gaieté communicative, contribue beaucoup au succès de ces petites pièces qu'il mène avec un brio de bon aloi. La *Revue au temps... boer* des excellents chansonniers Dominique Bonnaud et Numa Blès, obtient actuellement une très grande vogue, et la charmante *Tusini*, aidée d'artistes tels que MM. *Bellucci* et *Girard*, donnent brillamment la réplique à leur camarade *Le Gallo*.

Les chansonniers : *Dominique Bonnaud*, dont la verve est inimitable ; *Jules Moy*, le désopilant auteur de tant de spirituelles folies ; *Jacques Ferny*, au masque flegmatique de pince sans rire, l'ironie faite homme ; *Lucien Boyer* ; *William Burtey* et l'exquise diseuse *Mlle Rachel Launay*, complètent un programme des plus attrayants.

Heureux petit théâtre, dont la salle est trop petite et qui n'a rien négligé pour donner à ses spectateurs le véritable confort sur la scène, dans la salle et, surtout dans le jardin que l'on est agréablement surpris de trouver pendant les entr'actes.

LE CARILLON

Un des premiers établissements fondés après le Chat Noir. Depuis 1893, le public est habitué à prendre le chemin de la rue de la Tour-d'Auvergne.

C'est dans l'ancien hôtel, ayant appartenu à la famille de Lesdiguière, qu'est installé ce charmant établissement que dirige, avec beaucoup de goût, l'excellent poète-auteur dramatique Bertrand Millanvoye, l'auteur applaudi du *Dîner de Pierrot*.

C'est au Carillon que fut créée la première œuvre théâtrale de Courteline, *le Client sérieux*, dont le succès fut retentissant et qui nous valut une suite ininterrompue de joyeuses pièces : *Le Gendarme est sans pitié*, *Théodore cherche des allumettes*, *La peur des coups*, etc. Georges Courteline est dieu et Millanvoye fut son prophète.

Actuellement, l'aimable secrétaire, M. Pol Héric, nous convie à de merveilleuses soirées où l'on a le plaisir d'entendre le bon poète Hugues Delorme qui signa aussi avec J. Galli, cette spirituelle fantaisie : *Paris en cinq leçons* dont le succès va toujours en s'accentuant ; on y entend aussi Couté, poète de la Terre, qui sait donner le parfum du terroir à ses peintures champêtres ; les chansonniers E. Teulet, Lemercier et Meudrot.

Un gros succès également pour *Totote aux enchères*, la piècette follement gaie de MM. Pol Héric et Marcel Hourette, jouée de verve par Mlle Violette Dechaume, MM. Verdier et Daunis.

On ne peut guère s'amuser mieux qu'au Carillon.

Le Cabaret

DES

Quat'Z'Arts

+ + +

C'est ici l'établis-
sement le plus ty-
pique de la joyeuse
butte. Ce cabaret ne
ressemble à aucun
autre et son aimable
directeur F. Trom-
bert a su lui conser-
ver sa physionomie
des premiers jours;
c'est le véritable ca-
baret montmartrois avec un public composé de
peintres, d'artistes et de littérateurs; la plus franche
cordialité y règne et les auteurs qui interprètent
leurs œuvres ont toujours pour les entendre un
auditoire d'élite ; de jolis yeux les contemplent
et des mains aristocratiques les applaudissent.
Il est vrai que le programme est des plus variés
et que les noms de Vincent Hyspa, Jehan Rictus,
Mevisto aîné, Yon Lug, Paul Weil, Victor Delpy,

TROMBERT

Ludovic Johanne, Germaine Diris etc., sont bien faits pour attirer la foule.

Un guignol, dont les pièces très spirituelles sont agrémentées de joyeux couplets sur les actualités, complète le spectacle qui ne le cède en rien, comme intérêt, à celui que l'on donne dans les plus grands établissements.

YON LUG

Portraits de C. Léandre.

— Où se rue-t-on ce soir ?
— Moi je n' marche qu'où y a des femmes chics !
— Allons chez Lajunie, à Tabarin !

La Grande vie
à Montmartre

~~~~~~~~~

La décentralisation du « Smart » a également des
effets à Montmartre et nous n'avons plus rien à envier
aux établissements de nuit les plus célèbres des vieux
boulevards parisiens.

Le *Restaurant-bar Tabarin*, 58, rue Pigalle, est
fréquenté par toute la haute vie parisienne et c'est
là que nous avons le plaisir de rencontrer souvent des
princes et même des Altesses en compagnie de toutes
nos beautés artistiques et mondaines, les Otero, les
Liane de Pougy, les Emilienne d'Alençon, les Jeanne
d'Erval, les Irma de Montigny, *e tutti quanti ?*

C'est un usage reçu, dans le monde des joyeux
viveurs, qu'une soirée ne saurait bien finir si l'on
n'allait pas souper ou prendre une bouteille de champagne au *Restaurant-bar Tabarin*, M. Lajunie, son
habile propriétaire, ayant su, par son amabilité et
par la tenue irréprochable de son établissement,

attirer une clientèle qui, jusque là, n'osait pas venir à Montmartre pour souper, craignant de ne pas y trouver le luxe, le confort, les plats et la cave des restaurants des boulevards.

La démonstration ayant été amplement faite que l'on y était traité aussi bien, même mieux, que dans les plus vieilles renommées parisiennes, mondaines et mondains ne se sont pas fait tirer l'oreille pour aller souper sur la Butte où l'on rit, où l'on s'amuse, charmé par une excellente musique et où le plaisir est si grand que le *Restaurant-bar Tabarin* voit souvent ses joyeux habitués protester contre les rayons impertinents du soleil qui vient les surprendre encore attablés à sept heures du matin (car l'établissement reste ouvert toute la nuit). C'est alors que l'on se souvient qu'il n'y a pas de si bons amis qui ne se quittent, comme on dit, et les groupes se séparent en se promettant de revenir le lendemain soir terminer ce que l'on avait si bien commencé la veille

Visiteurs de Montmartre, Français et Étrangers, vous ne pouvez manquer une plus belle occasion de vous initier à la haute vie parisienne et vous seriez impardonnables si vous quittiez Paris sans avoir visité les élégants salons et les cabinets particuliers, merveilleusement décorés et confortablement aménagés, du *Restaurant-Bar Tabarin*

LE RAT MORT

~~~~~~~

D'après une tradition que racontait le peintre Léon Goupil et que Victor Davau pourrait peut être confirmer, un rat mort fut véritablement le parrain de ce café-restaurant qui est devenu le plus célèbre de Montmartre, de Paris et du monde.

Le *Rat Mort* fait l'angle de la place Pigalle et de la rue Frochot. En été, sa terrasse est une des plus agréables que l'on connaisse ; en face de la fontaine qui orne la place, à deux pas de l'avenue Frochot, ce petit parc formé de gentilles villas dont les arbres fleuris parfument les environs.

La réputation universelle de cet établissement n'est pas usurpée, on ne peut être mieux sous le rapport du service, de la qualité des mets et de l'authenticité des crus. Aussi sa clientèle, fort nombreuse, se compose d'éléments très divers : le café, au rez de chaussée, où l'on dîne à prix fixe tous les soirs, de sept heures à huit heures, voit surtout, vers dix heures, la cohue des gentilles prêtresses de l'Amour, dont beaucoup pourraient encore en remontrer à Sapho, si l'immortelle lesbienne revenait parmi nous.

Au premier étage, les salons et cabinets s'emplissent de joyeuses sociétés; la Jeunesse dorée y coudoie l'artiste et le bourgeois.

On ne peut visiter Paris sans aller souper au *Rat Mort*, d'abord parce que c'est une des curiosités de Paris la nuit, une attraction de la vie montmartroise, surtout parce qu'on ne boit nulle part de meilleur champagne; enfin, parce qu'il n'est pas d'endroit plus agréable pour assister au spectacle de jolies lèvres plongeant dans la mousse de l'*Extra dry* et d'adorables quenottes cassant les reins d'innocentes écrevisses ou étalant coquettement leur blancheur de lait sur l'écran noir des truffes.

S'il était possible de dresser la liste des notabilités de tous genres, des étrangers célèbres, des princes et des duchesses authentiques qui ont défilé depuis vingt ans au *Rat Mort*, on aurait ainsi la table de dix volumes de l'histoire contemporaine.

Pour terminer, rappelons ce mot, tombé dans le domaine public : le *Rat Mort* est le plus *vivant* des restaurants de nuit, ou bien encore, empruntons à Gounod quelques mesures de l'opéra de *Faust* et chantons à pleins poumons :

Le *Rat Mort* est toujours debout !

PETITES MONTMARTROISES

Composition de **STEINLEN**

Le Café de la Place Blanche

Situé en face du Moulin Rouge, il en est comme l'antichambre; c'est là que l'on se donne rendez-vous avant de pénétrer dans le sanctuaire flamboyant du célèbre concert-bal; c'est aussi l'endroit préféré des nombreux cyclistes et automobilistes qui s'exercent sur les chaussées du boulevard Clichy. Ce que l'on voit de cycles et d'auto à l'heure de l'apéritif est inénarrable.

A la sortie du Moulin Rouge et pendant toute la soirée, c'est un va et vient de soupeurs et de soupeuses; ces dernières ont adopté la *Place Blanche* comme leur meilleur salon de conversation, et ça n'est pas un des moindres attraits de cet établissement.

Les peintres et leurs modèles fréquentent assidûment ce café : inutile d'ajouter qu'ils y sont attirés et retenus par les excellents procédés de la Direction, toujours attentive à satisfaire sa nombreuse clientèle.

Le café de la place Blanche est aussi très visité par la clientèle cosmopolite et les garçons comprennent toutes les langues, comme ils soignent d'ailleurs tous les gosiers.

On y soupe très bien, et l'on est sûr d'y rencontrer bonne et nombreuse société.

LA NOUVELLE ATHÈNE

~~~~~~~~~

Encore un café situé sur la place Pigalle, ce Forum du pays montmartrois. Un des plus anciens établissements où fréquentaient jadis Alfred Delveau, Duchesne et Catagnary. C'est ce dernier qui prédit un jour le succès complet de Montmartre. « Croyez-moi », disait-il à Maxime Rude, un autre habitué de la *Nouvelle Athène* : « dans un avenir qui n'est pas loin, le centre mondain de Paris sera déplacé et les boulevards de Clichy et Rochechouart deviendront ceux que vous voyez aujourd'hui, ceux des Italiens et des Capucines ». Cette prédiction, vieille de vingt cinq ans, est réalisée plus qu'au trois quarts et la *Nouvelle Athène* se trouve en plein cœur de l'activité nouvelle; c'est une des stations adoptées par les touristes de la Butte.

———○✦❊❉✦○———

LE CABARET BRUYANT
ALEXANDRE

~~~~~~~~~

A la suite d'un procès intenté, *à propos de bottes,* c'est le cas de le dire, par Aristide Bruant, le célèbre chansonnier, à Alexandre qui s'était déjà fait lui-même une réputation de chanteur et de diseur, celui-ci donna à son cabaret le titre de cabaret Bruyant et la réclame que ce procès lui fit consacra définitivement cette institution montmartroise.

On y chante les chansons les plus cocasses, le Directeur lui-même reçoit les clients et leur souhaite la bienvenue de la façon la plus pittoresque. C'est un endroit qui ne peut être décrit sans perdre toute sa saveur. Le seul conseil que l'on puisse donner est le suivant : ne quittez pas la Butte sans aller faire un tour chez Alexandre et vous ne le regretterez pas.

A l'Hippodrome

Le Grand Restaurant

Dans le vaste Palais où vient de s'installer l'Hippodrome, qui depuis si longtemps manquait aux Parisiens, nous avons pu visiter le *Café-Restaurant de l'Hippodrome* dont l'installation est la plus somptueuse et la plus réussie que nous ayons vue, non seulement à Montmartre mais en Europe.

La décoration en est conçue dans le plus pur goût du *Modern Style*, les bois sculptés qu'encadrent les larges baies et les glaces sont l'œuvre de merveilleux artistes ; les tentures et les tapis moelleux aux larges fleurs sont d'une tonalité agréable à l'œil, l'éclairage électrique réunit toutes les perfections les plus modernes.

Les panneaux décoratifs peints par *Anquetin* seraient à eux seuls une attraction suffisante : une *Diane Chasseresse* est un pur chef-d'œuvre de composition et d'habilité d'exécution ; les *Walkyries*, un autre panneau de proportions colossales attirent tous les regards par la conception puissante de l'allégorie et l'envolée de l'artiste, qui s'est inspiré vraiment de la légende teutone et a su y trouver un tableau qui restera et que nous verrons bientôt reproduit dans toutes les publications artistiques.

Quant au mobilier, l'installation en est excessivement confortable et se marie très heureusement à la décoration générale ; de longs divans d'un joli bleu *électrique*, des sièges du même style, des tables intelligemment faites pour suivre les méandres de la salle qui, au lieu d'être banalement oblongue, serpente autour de l'Hippodrome et permet des demicercles d'un effet nouveau et fort agréable; tout contribue à en faire un endroit unique et captivant.

Les toilettes exquises de nos mondaines ont besoin de ces jolis cadres que les architectes modernes s'ingénient à leur préparer. Mesdames, croyez-moi, insistez auprès de vos maris et de vos amis pour qu'ils vous conduisent au Café-Restaurant de l'Hippodrome, car, je vous le dis, en vérité, là toutes les femmes seront belles, même celles qui s'en défendent.

A bonne auditrice, salut !

Cadet Butteux.

L'ECOLE

du

CHAT NOIR

L'École du Chat Noir

On a déjà écrit nombre de volumes sur le *Chat Noir* et sur le mouvement littéraire et artistique que ce cabaret a contribué à former ; les lecteurs du *Guide de l'Étranger à Montmartre* ne s'attendent pas à trouver ici une polémique sur les erreurs plus ou moins grossières qui se sont glissées dans ces recueils et les renseignements que je vais donner seront aussi succincts que possible.

Les *Hirsutes*, puis les *Hydropathes*, sociétés littéraires fondées au Quartier Latin, sont les premiers essais de réunions artistiques qui aient réuni des éléments assez importants pour attirer l'attention du public intellectuel.

Quand Rodolphe Salis fonda, sur le modèle de la *Grande Pinte*, créé par Laplace à l'avenue Trudaine, un cabaret moyenâgeux sur le boulevard Rochechouart, à l'emplacement même où est actuellement le cabaret d'Aristide Bruant, les deux sociétés ci-dessus mentionnées et qui s'étaient fondues en une seule, se donnèrent rendez-vous chez Salis et, plus spécialament, le vendredi dans l'après-midi. Salis, sous la pression d'Emile Goudeau, président des *Hydropathes*, fonda le journal le *Chat*

Noir et tous les jeunes talents, alors épars et hési-
tants, purent se donner libre carrière dans cet organe
accueillant. Henri Rivière, Henry Somm, Willette,
Steinlen, Caran d'Ache, de Sta, F. Fau et vingt autres
s'y révélèrent par des dessins d'une originalité inconnue
jusqu'alors. Emile Goudeau, Alphonse Allais,
G. Auriol rédigeaient les chroniques d'un esprit
pétillant ; les poètes Edmond Haraucourt, Armand
Masson, Rollinat, Marrot, Laurent Tailhade, Louis
Marsolleau, d'Esparbès, Rodolphe Darzens, etc., y
collaboraient également.

En 1885, Salis, ayant vu la Fortune lui sourire et
le *Chat Noir* se trouvant trop à l'étroit, émigra à la
rue Victor-Massé, dans un petit hôtel qu'il fit
aménager et qu'il décora avec beaucoup de goût.

Ce fut pendant les premiers mois un succès de
curiosité : les visiteurs étaient maintenus sur le trot-
toir par un suisse magnifiquement costumé et on
ne laissait entrer que vingt personnes à la fois, tellement était grand l'encombrement. Les bocks étaient
alors la seule industrie du *Chat Noir* et Salis pouvait se flatter d'avoir trouvé, nouvel alchimiste, la
bière philosophale.

La curiosité parisienne est vite lassée et le jour
arriva où la foule, n'assiégeant plus les portes du
Chat Noir, il fallut les ouvrir toutes grandes et
battre même un peu la grosse caisse pour l'attirer.
C'est alors que Salis songea à réorganiser ses ven-
dredis littéraires de l'ancien établissement du *Chat
Noir* et qu'il décida les chansonniers Jules Jouy,
Mac Nab, Fragerolle, V. Meusy ; les poètes
Marsolleau, d'Esparbès, Jean Rameau, etc., à dire
et à chanter leurs œuvres devant le public ; le
succès de ces premières soirées fut très grand. Le
bon Albert Tinchant, poète lui-même, accompagnait
ses camarades sur le piano ; Salis présentait les
auteurs : c'était le commencement d'un mouvement

qui devait, par la suite, prendre un si grand développement que tout Paris courut à Montmartre et que l'on vit même, il y a quelques années, les Directeurs des théâtres parisiens se liguer pour essayer d'arracher aux cabarets artistiques, genre *Chat Noir*, une clientèle que ceux-ci ne sont pas prêts de leur rendre.

La première tentative théâtrale du *Chat Noir* fut l'installation d'un guignol organisé par Henry Somm.

On y jouait la *Berline de l'Émigré* du même; le spectacle était trop court; pour le développer, Henri Rivière tendit une serviette dans le cadre du guignol et fit défiler derrière des sergents de ville, découpés dans du carton, tandis que Jules Jouy chantait les fameux *Sergots*. Le théâtre d'ombres était créé.

On l'inaugura par une fantaisie de Somm : l'*Éléphant*, avec *Un crime en chemin de fer*, de Lunel, inspiré par l'affaire Barrême et *1808 !* de Caran d'Ache, qui donna à son auteur l'idée de sa fameuse *Épopée*;

cela constitua un véritable spectacle. Lors de l'*Épopée* on se servit, pour la première fois, de personnages en zinc.

L'année suivante, en 1888, on joua la *Tentation de saint Antoine.*

Après cette pièce, le théâtre, déjà élevé d'un étage et percé dans le mur, fut élargi de moitié.

Ce furent enfin la *Conquête de l'Algérie*, de Bombled; la *Nuit des temps*, quarante tableaux de Robida; la *Marche à l'Étoile*, de Fragerolle et Rivière; *Phryné*, de Donnay et Rivière; *Roland*, de d'Esparbès et Rivière, avec décors en demi-cercle et *cent un* becs de gaz sur quatre herses; *Ailleurs*, de Donnay; *Sainte Geneviève de Paris*, de Dauphin et Blanc; *Héro et Léandre*, d'Haraucourt; l'*Enfant prodigue*, de Fragerolle et Rivière, etc.

Ce ne sont là que les principales œuvres auxquelles ont collaboré... en qualité de machinistes: Rivière, Jouard et Laumann, — immuablement — le baron Barbier, chef machiniste; le baron Sellier, chef artificier; Henry Somm; Mac-Nab; Léon Delarue; Léon Gandillot, archiviste perpétuel (!); Alphonse Allais, chef de batterie; Pierre Delcourt; d'Esparbès; Robida; Jouy; Caran d'Ache; Haraucourt et nombre d'autres dont les noms sont fort connus.

On ne remplacera jamais la verve de Salis; son boniment qui accompagnait les tableaux d'ombres sonnait aux oreilles des parisiens amusés comme une fanfare joyeuse, tandis que leurs yeux contemplaient les défilés des soldats de la grande armée dont Caran d'Ache évoquait les légions disparues.

L'heureux temps où la faveur d'assister à un *Gala* du Chat Noir était sollicitée par les plus hauts personnages, où Salis aurait pu faire déplacer un sous-préfet ou nommer un receveur, en échange d'une entrée *un Vendredi*, jour réservé. Quelles exquises soirées on passait dans cette petite salle où deux cents spectateurs trouvaient le moyen d'occuper la place de cent, sans se plaindre, subjugués, asservis : esclaves auxquels Salis distribuait tour à tour ses flatteries et ses sarcasmes cependant que les chansonniers irrévérencieux osaient plaisanter ces choses alors respectées entre toutes : la Chambre des députés et le Conseil municipal !

L'École du *Chat Noir* était fondée, un esprit nouveau en art et en littérature allait changer l'orientation des idées et faire pénétrer au théâtre même le je m'en fichisme de sa froide mais spirituelle ironie.

Si notre modeste Guide tombe par hasard sous les yeux du Ministre des Beaux-Arts qu'il accueille au moins cette prière : L'État ne pourrait-il consacrer officiellement et perpétuer le souvenir du *Chat Noir* en se rendant acquéreur de ce merveilleux vitrail de Willette, le *Parce Domine*, qui décorait la grande baie du célèbre Cabaret ? Cela servirait à la fois la cause de l'Art et celle de l'Histoire.

Ainsi soit-il.

Victor MEUSY.

Une Journée
sur la Butte

Choisissez une journée où le gai soleil viendra vous réveiller de bonne heure ; si votre hôtel n'est pas loin de l'Opéra prenez, pour gagner Montmartre, la *Chaussée d'Antin*.

Si vous avez pu être prêt vers huit heures du matin, vous allez croiser dans votre chemin tout ce que Batignolles et Montmartre comptent de jolies ouvrières se rendant aux ateliers.

Voici d'abord les *Couturières*; elles marchent à grands pas pour éviter la réprimande de la *première* ou de la *patronne* qui ne badine pas sur le chapitre de l'exactitude. Les couturières se divisent en trois catégories que l'œil exercé d'un parisien pur-sang aurait déjà de la peine à reconnaître, à deviner plutôt, sous les élégants ajustements de ces dames ; les *Jupières* et les *Corsagières* sont certainement parmi les plus pressées ; derrière elles, viennent, dans des costumes mirobolants de chic, les *Mannequins*.....
Ne vous laissez pas détourner de votre chemin, vous les retrouverez ce soir à Montmartre.

LE SACRÉ-CŒUR

LA RUE SAINT-VINCENT — LE MOULIN DE LA GALETTE

(Dessin de MARIUS ÉTIENNE)

Traversez la *place de la Trinité*, prenez à droite du square, après avoir parcouru une centaine de mètres de la *rue Blanche*, vous entrez dans la *rue Pigalle* qui vous conduit directement à la place de ce nom ; vous verrez à gauche en montant, une caserne de pompiers de la ville de Paris ; à côté se trouve l'hôtel particulier où est né Scribe, le célèbre auteur dramatique, ainsi que l'atteste une plaque de marbre placée sur la maison.

Des rires et des exclamations joyeuses attirent votre attention. Vous voyez dégringoler des hauteurs de la rue des groupes de belles filles empanachées, des théories de minois chiffonnés mais provoquants en diable. Halte-là ! arrêtez-vous et regardez défiler le régiment, mais gare aux œillades, aux quolibets et aux coups de coudes ; ce sont Mesdemoiselles les Modistes qui se rendent au travail.

La *Modistrature*, comme s'intitule la corporation, se compose des *Premières*, les artistes qui créent ces merveilleux chapeaux parisiens ; celles-là vous ne les verrez pas descendre la rue Pigalle, elles habitent des quartiers plus luxueux ; celles qui passent sont des *Monteuses*, des *Petites-Mains* et des *Trottins*..... Rincez-vous l'œil, cher étranger, cela vous donnera des jambes pour faire l'ascension de la Butte.

La rue Pigalle traverse la *rue La Bruyère* ; dans cette rue, il existe, dans la cave d'un encadreur, l'entrée d'un souterrain qui conduit jusqu'au Sacré-Cœur, assure-t-on, ce souterrain, ancien chemin de carrière est aéré et peut être parcouru sans danger.

Sur la gauche, en traversant la *rue Fontaine*, vous voyez la *rue Chaptal* où vous reconnaîtrez de loin l'enseigne du *Grand Guignol*; la Société des auteurs compositeurs et Editeurs de musique possède, au n° 16 de cette rue, un luxueux hôtel.

Après avoir salué en passant le *Restaurant Bar Tabarin* dont les portes, closes à cette heure matinale, vous rappellent sans doute une agréable nuit de spirituelle orgie, vous arrivez sur la *Place Pigalle*.

Autour du bassin agrémenté d'un parterre en miniature se tient la *Bourse des Modèles*. C'est là que les Italiens des deux sexes qui posent dans les ateliers de peinture viennent s'offrir aux artistes; le groupe des femmes est souvent pittoresquement émaillé de toilettes transtévérines.

En face de la rue Pigalle, de l'autre côté de la place, prenez le *Passage de l'Élysée des Beaux-Arts*. Vous passez devant des écoles de la Ville, nouvellement édifiées, puis le passage fait un coude à gauche et vous vous trouvez en face d'un escalier (le premier!) qu'il vous faut gravir pour atteindre la *Rue des Abbesse*.

A droite, en bas de l'escalier, au n° 37, se trouve la modeste salle de spectacle où le *Théâtre Libre* prit naissance. C'est là qu'Antoine a donné son premier spectacle, c'est dans ce cul-de-sac que la grande critique vint applaudir à la hardiesse des auteurs, à l'habileté du metteur en scène.

A gauche s'élève une chapelle à peine couverte

encore qui offre le plus pénible aspect; c'est l'entête-
tement d'un prêtre qui a voulu, sur cette butte
où presque tout est pittoresque, installer cet édifice
dépourvu de goût, dangereux par sa construction
hâtive sur un terrain composé d'anciennes carrières
et masquant la vue de Paris à tout un quartier. Il
paraît que cet empêcheur de *voir* en rond célèbre
déjà la messe dans un caveau situé sous la chapelle
actuelle et dont les parois sont tapissés d'une très
curieuse peinture.

En haut de l'escalier, tournez à gauche et suivez la
rue des Abbesses ; au n° 65 de cette rue, on remarque
un pilier encastré dans la boutique d'un cordonnier :
c'est le dernier vestige de l'entrée du célèbre *Château des Tilleuls*, qui a donné son nom à la cité qui
aboutit rue Lepic. Ce château s'étendait jusqu'au
boulevard de Clichy et contournait la rue Germain-
Pilon ; les seigneurs avaient le droit de chasse, cela
résulte d'une vieille charte. Les temps sont changés.
On ne chasse plus les lapins aujourd'hui dans ce
quartier... on en pose.

Gravissez la *rue Lepic*, l'ancienne grande rue montmartroise qui vous mène, par une pente modérée,
devant le *Moulin de la Galette*.

Connu de la France entière, ce bal fut fondé par
la famille Debray. Les moulins sont-ils authentiques
ou non? Les uns disent oui, d'autres disent le contraire ; toujours est-il que c'est une des curiosités de
la Butte ; le grand-père Debray y fut fusillé en 1814
par les alliés, pour avoir contribué à la défense héroïque de Montmartre.

Après avoir considéré les moulins et les jardinets
qui les entourent, vous redescendez légèrement un
bout de la *rue Girardon* jusqu'à la *rue Saint-Vincent*,
la plus ancienne rue de la Butte, la seule qui ait
gardé son cachet primitif; suivez cette rue. En passant, comme vous avez eu une ascension pénible et

que le soleil commence à frapper fort sur les crânes, arrêtez-vous au *Cabaret des assassins* ; ne soyez pas effrayés par le titre étrange, titre connu des seuls Montmartrois, car il s'est appelé plus modestement : *A ma Campagne*, et son titre actuel, au *Lapin à Gill*, lui vient d'une enseigne peinte par André Gill, le célèbre caricaturiste, sur laquelle figurait un lapin sautant dans une casserole, d'où le jeu de mots.

Tout ce que Paris compte d'artistes, de journalistes et de littérateurs a défilé dans cette humble auberge et il faudrait dix volumes pour raconter les folles équipées que beaucoup de nos plus graves illustrations ont commises dans ce coin hospitalier.

Aujourd'hui, c'est encore un endroit très fréquenté ; la maîtresse de la maison qui cache sous le prénom unique d'Adèle, un des plus grands noms de l'armorial français, sait en faire les honneurs avec cordialité et son esprit n'est pas à dédaigner ; quant à son érudition sur le passé, le présent et l'avenir de la Butte, c'est la plus complète que l'on connaisse.

Quand vous vous serez reposé un moment à

l'ombre des treilles, allez voir, si vous y tenez, le cimetière de Saint-Vincent, qui se trouve en face du cabaret : *Ici on est mieux qu'en face*, disait une ancienne inscription ; ce cimetière date très probablement de la Révolution, car ni Dulaure ni Hurtaut et Magny n'en font mention ; sa situation mérite l'attention des curieux; trois cents fédérés y furent enterrés vers le mur de droite, pendant la bataille de Montmartre en 1871; rien n'en marque l'emplacement.

Continuez à suivre la *rue Saint-Vincent* jusqu'à la *rue de la Bonne* qui s'appelait autrefois rue de la «Bonne-eau», à cause d'une fontaine dont l'eau avait des propriétés médicinales, et gagnez en grimpant une pente à pic : la *rue de la Barre*. C'est là qu'est l'entrée du *Sacré-Cœur*.

Ici nous vous laissons visiter le monument élevé en l'honneur du Sacré-Cœur. Vous trouverez dans la basilique même tous les renseignements pour guider votre curiosité.

En sortant du Sacré-Cœur, allez déjeuner au *Rocher suisse*, rue de la Barre ; cet établissement centenaire a su conserver son caractère si gai d'autrefois.

Comme jadis, ses salons, ses bosquets, ses cabinets sont toujours le rendez-vous de toutes les sociétés qui veulent réellement rire, s'amuser et savourer de bons repas, arrosés des meilleurs vins. Aussi, noces, banquets de corporations, soupers intimes se donnent à bon compte au *Rocher suisse*.

Et après avoir savouré le café sous les ombrages du *Rocher suisse*, vous pourrez rendre visite au *Cimetière du Calvaire*, dont l'entrée se trouve près de l'église Saint-Pierre. Également ignoré des historiens, il a pourtant une histoire, car, là comme à Picpus, sont enterrés des personnages appartenant aux plus grandes familles de France. En lisant les inscriptions sur les pierres tumulaires, on croirait feuilleter l'annuaire de Borie d'Hauterive. Il est des plus pittoresques.

L'*Église Saint-Pierre* remonte à la plus haute antiquité, elle était, suivant l'usage qui s'est perpétué jusque sous Lous XVI, possédée par des seigneurs laïques ; un nommé Payen et son épouse Hodierne, tenaient cette église en fief de Buschard de Montmo-

rency, ils la vendirent en 1096 avec le produit des sépultures et de l'autel, aux religieux de Saint-Martin-des-Champs. Louis le Gros céda, en 1133, à ces religieux, l'église Saint-Denis de la Chartre, qui lui cédèrent en échange l'Église Saint-Pierre.

Ne quittez pas le sommet de la Butte, sans jouir de la vue de Paris que le regard peut contempler dans sa plus grande étendue aux pieds du Sacré-Cœur.

A visiter également la rue de la Barre (anciennement rue des Rosiers) ; au n° 8, est la maison dans laquelle furent fusillés le 18 mars 1871, les généraux Lecomte et Clément Thomas, le mur porte encore la trace des balles.

De nombreuses attractions sont groupées autour
du Sacré-Cœur, un *Panorama de Jérusalem*, des
musées de pieuses reliques, etc. Quatre heures
seront vite passées à visiter tontes ces choses. Pour
descendre, prenez la rue Caulaincourt, vous verrez un
fouillis de châlets et de bicoques au milieu de jardins
où coulent encore quelques maigres filets d'eau.
C'est le dernier vestige de l'ancienne Butte ; à droite,
de hautes maisons, construites avec les derniers per-
fectionnements, ont attiré une population bourgeoise
qui tranche singulièrement avec les habitants du
vieux quartier montmartrois.

Traversez le pont *Caulaincourt* qui passe au-dessus
du cimetière de Montmartre et vous amène par une
pente douce au boulevard de Clichy.

Tournez à gauche et, en attendant le dîner, allez
prendre votre apéritif au café de la *Place Blanche*. A
sept heures, rendez-vous au *Rat mort*, où vous pourrez dîner à table d'hôte; la cuisine est excellente et
les prix excessivement modérés.

Prenez votre café au *Rat mort*, à la nouvelle *Athènes*
ou à l'*Ermitage*, tous établissements voisins de la
Place Pigalle et terminez votre soirée au Moulin-
Rouge où vous trouverez les plus jolies filles de
Montmartre. Mais le meilleur conseil que je puisse
vous donner, si vous soupez, c'est d'aller au *Rat mort*
ou chez Lajunic, au *Restaurant-Bar Tabarin*.

CADET BUTTEUX.

MONTMARTRE

à travers

LES AGES

Dessins de **Léonce BURRET**

Document des Archives de l'Archevêché de Paris.

INÉDIT.

Et tout d'abord,
à tout seigneur tout honneur,
SAINT DENIS

... Si l'on se reporte au moyen âge, l'on voit vers le pied de la montagne de vastes marais traversés par le ruisseau de Ménilmontant, au bout desquels s'établirent la Maladrerie de Saint-Lazare, la Grange batelière, les Porcherons, le château du Coq et la Ville l'Évêque.

Ce ruisseau, dont le nom indique le point de départ, aboutissait à la Seine, en traversant le faubourg nord de Paris, de l'est à l'ouest. En venant à la ville, après l'avoir franchi, on commençait à gravir la montée par plusieurs chemins, dont deux principaux.

L'un suivait le parcours du faubourg Montmartre, passant devant la chapelle Notre-Dame-de-Lorette, appelée aussi Saint-Jean, rencontrant aussi, en montant, le chemin des Martyrs, le Colombier et l'abbaye

1594. — IGNACE DE LOYALA A MONTMARTRE.

et, plus haut, vers la place de la mairie actuelle — la mairie qui était place du Tertre — la chapelle du Martyr, dont il gagnait le sommet en serpentant.

L'autre chemin suivait, à peu près, l'emplacement des rues Montorgueil, du Petit-Carreau, du Faubourg-Poissonnière et, près le marais, se dirigeait en diagonale vers la partie est de la butte qu'il côtoyait pour aboutir au hameau de Clignancourt; à gauche de ce chemin, une bifurcation conduisait également au sommet par le chemin de la Fontenelle actuel.

En sortant des marais, ces diverses voies traversaient des vignes et des carrières à plâtre, mais à mi-côte, vers l'emplacement des boulevards extérieurs.

Ces exploitations cessèrent; ce n'est qu'après la vente des biens de l'abbaye que la partie haute fut exploitée à son tour.

LE MOULIN BON PLAISIR EN 1710

RENDEZ-VOUS DES PHILINTE ET DES DORINE

MADAME ANGOT AU MOULIN DE LA GALETTE

A l'époque dont nous parlons, cette partie de la montagne avait l'aspect le plus gracieux : elle était couverte de bouquets d'arbres et de vignes, il y a quarante-cinq ans ; nos vieillards se souviennent encore avoir vu des parties de bois sur tout le flanc est de la butte, depuis la chaussée de Clignancourt. Dans un bosquet existait la fontaine de la Fontenelle, dont les eaux ont été conduites plus tard au Château-Rouge ; plus loin et au-dessus se voyait la fontaine de la Bonne, dont le nom indiquait la qualité supérieure. C'était celle qui alimentait l'abbaye et les ha-

LE MOULIN DE LA GALETTE SOUS L'EMPIRE

EN 1845

bitants du village. Sous les arbres du chemin de la Procession, au bas de la rue Saint-Denis actuelle, vers le hameau de Clignancourt, il en existait une autre ; puis la fontaine du But, la seule qui soit intacte.

Cette dernière, par sa forme et ses ombrages, par les beaux horizons qu'on y découvrait et par les ruines Romaines qui l'avoisinaient, rappelait les plus beaux souvenirs de l'Italie. Plus haut, vers le couchant, au-dessus des moulins, la fontaine Saint-Denis, qui, ainsi que toutes les autres, fut détruite par les exploitations des carrières. Enfin, dominant ce magnifique ensemble, le village de l'abbaye, dont les jardins et dépendances descendaient en amphithéâtre sur le flanc sud de la butte.

Tel était l'aspect de Montmartre au moyen âge.

HENRI IV A MONTMARTRE

Adonc ces événements se passèrent en l'an de grâce mil cinq cent nonante et dix.

Le roi de Navarre, le Béarnais, ainsi que voulait le désigner ironiquement le parti de la ligue, venait de livrer la ba- taille d'Ivry. Il y avait fait vaillance et avait su échauf- fer l'ardeur de ses partisans par cette courte harangue jetée aux troupes d'une voix so- nore, avant d'aller au feu : « Mes com- pagnons, si vous courez aujour- d'hui ma fortune, je cours aussi la vôtre : je veux vaincre ou mourir avec vous. Gardez bien vos rangs, je vous prie ; si la chaleur du combat vous les fait quitter, pensez aussitôt au ralliement, c'est le gain de la bataille. Vous le ferez entre ces trois arbres que vous voyez là-haut, à main droite ; et si vous perdez vos enseignes, cornettes et guidons, ne perdez point de vue mon panache blanc, vous le trouverez toujours au chemin de l'honneur

et de la victoire. » Et ce disant, il avait fait osciller par devant le front de bataille, son habillement de tête, sur la pointe duquel il y avait un panache de trois plumes blanches.

Alors, après avoir nettoyé quelque peu le haut de la rivière de Seine entre Paris et Troyes, il se résolut, malgré l'opinion contraire du maréchal de Biron, à assiéger Paris, qu'il devait mettre quatre ou cinq années à gagner à sa cause au point d'y pénétrer enfin en roi.

Obligé, à diverses reprises, de lever son camp, pour revenir aussitôt après l'y replacer, de dessous les murs de la capitale de l'Isle de France, soit que le gros Mayenne menaçât ses derrières du côté de Meaux, soit que le duc de Parme tentât d'envahir par la Normandie, comme les Guise, aidés des Espagnols, s'ingéniant, fût-ce à l'aide de fausses nouvelles dont la veuve de Montpensier se chargeait de répandre le bruit, à entretenir contre lui des hostilités dans le peuple encore ignorant de sa bonhomie, il décida de réduire au besoin la ville par la famine et, en une nuit, il força tous les faubourgs et en bloqua toutes les portes, ses gens ayant fait des logements devant et terrassé les maisons les plus proches du fossé.

« Si les Parisiens, proclama-t-il, veulent attendre à capituler quand ils n'auront plus que pour un jour de vivres, je les laisserai dîner et souper ; mais le lendemain, ils seront contraints de se rendre ; au lieu de la miséricorde que je leur offre, j'en ôterai la *misère* et ils auront la *corde*, car j'y serai contraint, étant leur vrai roi et juge, pour faire pendre quelques centaines d'eux qui, par leur malice, ont fait mourir de faim plusieurs innocents et gens de bien. »

Cependant, malgré de fréquentes alertes qui se dénouaient en brillantes escarmouches, ce fut comme une armistice où le métier de guerre connut du repos.

Le Béarnais s'ennuyait, bien qu'il eût fort affaire à visiter les siens tout à l'entour de la cité. Volon-

tiers, il s'arrêtait sur les hauteurs du Mont de Mars, d'où il dominait plus aisément le grouillement interne de la ville assiégée.

— Eh bien, dit-il un jour à ses plus proches fidèles, à Payanne, à Sainte-Colombe, à Lestelle, m'est avis, vrai dieu, que l'on pourrait jouer à la paume d'ici, tout en surveillant nos damnés ligueurs.

Et comme chacun d'y consentir, il expédia tout
d'abord quelques galants messagers à la belle et
tout amoureuse Corisandre, à l'invincible comtesse de
Grammont, sans oublier la tendre de Guiche, et se
mit en état de paumer juste et fort, tout en enton-
nant un bon Noël du Béarn où les anges répondent
en français au basque des diablotins cornus de la
tête et fourchus des pieds. Bientôt, il s'impatientait
pourtant contre cette unique distraction possible.

— Il ne saurait rien se voir, s'écria-t-il de plus
désolé que de se trouver privé de quilles de billard,
de ballon, d'échecs ou de cartes; mais on nous tient
à la portion congrue.

Puis il se plaignit que l'on ne pût pas même
s'appliquer à la science de gueule. Pas la moindre
garbure faite de choux verts ou de bonnes cuisses
d'oies ou de canards à se mettre sous la dent! Si
encore on eût pu se faire expédier quelques bons
jambons du Béarn sans craindre de les voir dépecés
en route par ces ligueurs maudits.

— Ventre Saint-Gris, et par ma foi j'entrepren-
drais bien après de danser quelque branle-gai, la
musique fut-elle de Claudin, si cher à mon cousin
Henri le Troisième, ou du fameux Beaujoyeux,
le violoniste italien Baltazini.

Moi, roi, je demanderai mes entrées de ballet à
mon très cher Consiny, mais la poire n'est point
mûre et j'ai pourtant grandes tendresses au corps
qui me brûlent les reins. Il me plairait fort dénicher
la pie au nid.

— Je n'ai entr'aperçu, hasarda quelqu'un, que
quelque garce à quartier qui allait à la messe accom-
pagnée d'un Maure, d'un Basque, avec une robe
verte, d'un magot, d'un page anglais, d'un barbet et
d'un laquais.

— Jarnidieu, monseigneur, vous me forgez idée,
répondit le roi.

Et le soir venu, s'étant avisé que nonnains pou-
pines sont gibiers friands au goût des hommes
d'armes, il gagna sans faire bruit l'abbaye du Mont
de Mars, juchée tout au haut de la colline. Comment
y pénétra-t-il ? Mystère ! Sans doute en se nommant
et par la terreur qu'il inspirait du fait que ses gens
occupaient en force le Mont et ses alentours. Il y
remarqua une jolie prêtresse, Marie de Beauvilliers,
fille de Claude de Beauvilliers, comte de Saint-Ai-
gnan, gouverneur d'Anjou, et de Marie Babou, fille
de Jean Babou, seigneur de la Bourdaissière, et de
Françoise Robertet qui, à l'exemple de tant d'autres,
ne sut résister à se voir choisie du vert-galant. Le
Béarnais trouva bien quelque difficulté dans l'oppo-
sition de Mᵐᵉ de Cénante, pour le quart d'heure
l'abbesse en titre de cette abbaye. Mais il ne lui fut
que de l'amollir en la soumettant, d'abord que de
s'occuper du véritable objet de sa flamme et de
l'envelopper de ses caresses ardentes, puis de courre
rapidement la charmante Marie de Beauvilliers à
laquelle il s'attacha un tantinet plus longuement.

Forcé une fois encore de quitter les murs de
Paris, il l'emmena à Senlis, où il l'abandonna non
pour l'oublier tout à fait, puisqu'en 1698 il la nommait en récompense abbesse du Mont de Mars, où il
l'avait connue.

Il est certain que, dans le Mont de Mars, vous avez
reconnu Montmartre, ainsi que chacun sait. On voit
que Mars y sacrifiait toujours à Vénus ; il s'en explique aussi que ce pays, comme pour d'autres raisons
le pays latin, se soit vu élire comme centre d'une
spéciale galanterie.

Le piquant de l'histoire de Marie de Beauvilliers,
c'est qu'elle était d'un cousinage très rapproché avec
Gabrielle d'Estrées, la future grande maîtresse qui,
comme la mère de notre gentille abbesse, était de la
Bourdaisière, la race la plus fertile en femmes

galantes qui ait jamais été en France, au dire de Tallemant de Reaux.

Les Babou de la Bourdaisière écartelaient : 2 et 3 d'argent frotté de sable, 1 et 4 d'argent au bras de gueules sortant d'un nuage d'azur, tenant une poignée de vesce (plante fourragère) en rameau. Les armes, jointes aux appétits précis de la famille qui les portait, occasionnèrent ce quatrain :

> Nous devons bénir cette main
> Qui sème avec tant de largesse
> Pour le plaisir du genre humain
> Quantité de si belles vesces

Le terme de vesce, en vieux français, avait aussi, on le voit, une signification populaire et commune qui se doit traduire, en langue de notre temps, par le mot grossier qui débute par un p.

Je vous ai donc bien conduit, incontestablement, à Montmartre, déjà !!

A. Jacques Ballieu.

Montmartre

Héroïque

~~~~~~~~~

Après avoir marché de victoires en victoires, après avoir, en conquérant, promené le drapeau tricolore, symbole de la Patrie, a travers le monde, Napoléon Ier se vit abandonné par la fortune, au moment où il croyait réaliser son rêve; le désastre de la campagne de Russie était le précurseur de la défaite de Waterloo, malgré l'admirable courage des débris de notre armée.

La conséquence de cette lutte héroïque devait être l'alliance étroite des puissances étrangères ; seules, elles étaient impuissantes contre nous ; coalisées, elles devenaient une masse pour envahir la France et humilier Paris par leur présence comme nous les avions humiliés par la nôtre à Berlin, Vienne, Iéna, Milan, dans toutes leurs capitales.

Les alliés se mirent en marche croyant entrer dans Paris sans coup férir, l'arme au bras, mais ils avaient compté sans les Parisiens. .

« L'herbe repousse entre le passage de deux escadrons ennemis » a écrit un poète illustre ; à la pensée que des armées étrangères s'avançaient sur la capitale, les hommes surgirent du sol, tout Paris courut aux armes : les femmes, les vieillards, les enfants se ruèrent en foule pour arrêter les envahisseurs.

Le 30 mars 1814, les alliés arrivèrent sous les murs de Paris, la défense s'organisa à Montmartre ; Marmont, Mortier et Moncey commandaient l'armée improvisée ; la butte héroïque, ayant pour chefs les élèves de l'école polytechnique, tint en échec pendant plusieurs jours une armée formidable sous les ordres d'officiers expérimentés tels que Blücher et Wellington.

Les alliés perdirent plus de dix-huit mille hommes dans cette bataille.

Dans les jours où la Patrie est en danger, le peuple, comme en 1792 pour Valmy, Jemmapes, Houdchoote, se révèle généreux, brave ; peu lui importe la famille, la vie ; il pousse le courage et l'abnégation jusqu'à la témérité ; ce fut le spectacle que présenta la butte en 1814.

Pendant cette funèbre période, les bals se fermèrent ; plus de flons-flons joyeux ; un long voile de deuil s'étendait comme un immense crêpe sur l'antique colline dont la défense fut sublime ; les balles, les obus, les boulets qui pleuvaient comme grêle sur les Montmartrois étaient impuissants à enrayer leur élan patriotique ; les travailleurs bouleversaient le sol qui l'avait déjà été si souvent par les Romains, Othon et Henri IV ; tranchées et épaulements s'élevaient, comme par enchantement.

Hélas ! que pouvaient l'héroïsme, la valeur d'une poignée de citoyens, rien ; ils furent écrasés par le nombre et par la force ; mais, dans l'histoire, la défense de la Butte reste et restera comme une page aussi belle que la lutte de Léonidas.

Charles VIRMAITRE.

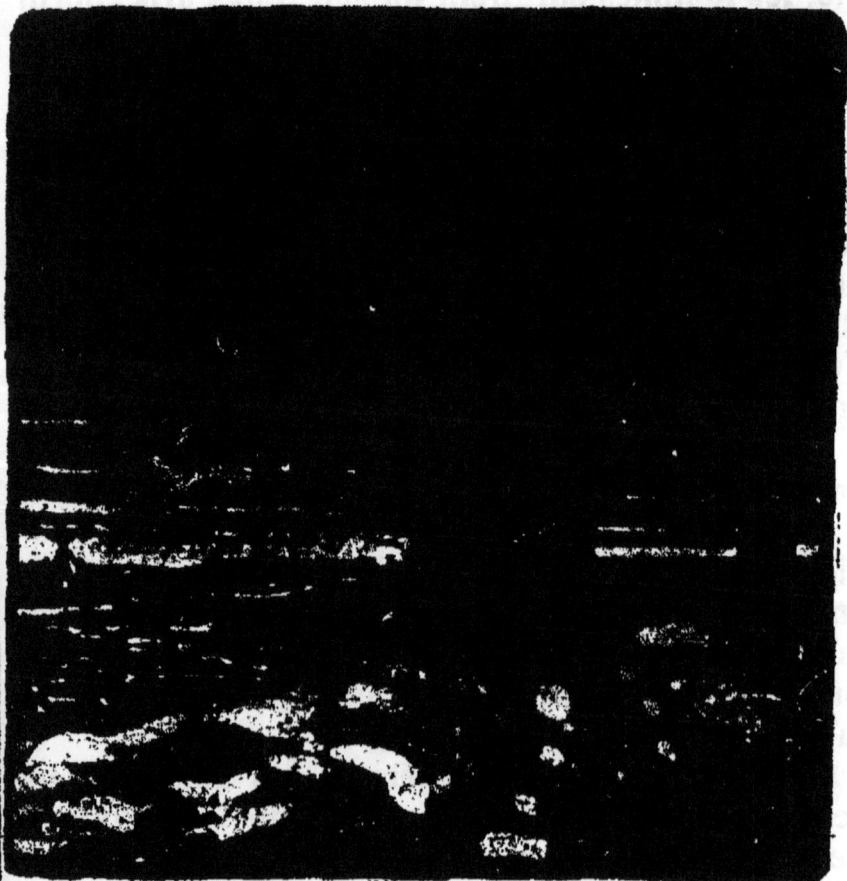

MONTMARTRE SOUS LA COMMUNE

5

MONTMARTRE

Le Vieux Montmartre

Le 4 juin 1886, neuf Montmartrois se réunissaient au *Rocher Suisse*. Ils y décidaient de fonder une société locale d'histoire et d'archéologie spéciale au XVIIIe arrondissement, et ayant pour but la recherche et la conservation des anciens monuments, des souvenirs historiques, des curiosités artistiques, pittoresques anecdotiques de Montmartre, Clignancourt, La Chapelle et leurs anciennes dépendances.

Ces Montmartrois étaient MM. Bin, Lamquet, Jules Mauzin, Morel, Noro, Rab, Sellier, Wiggishoff et Toussaint-Martel, férus de l'historique de la vieille butte et tout d'abord préoccupés du seul désir de sauver la colline du vandalisme officiel ou particulier.

La Société fut fondée, officiellement reconnue à quelques jours de là et fonctionna dès lors régulièrement sous le vocable: « Vieux Montmartre ». Son siège fut établi à la mairie. Il y est resté.

Dès les premières réunions, le cadre de la Société s'élargit. A la seule idée de conservation pure et simple des épaves de l'antique Montmartre s'ajouta la pensée d'instruction et d'éducation historiques et archéologiques montmartroises.

Aux fondateurs de la Société, aux membres nouveaux, vite accourus, se joignirent rapidement de nombreux adhérents, c'est-à-dire des volontés nouvelles, une collaboration augmentée de force par le nombre et la valeur des intelligences.

Un fascicule, tout d'abord annuel, fut publié, enfermant les éléments de travail de ceux des sociétaires plus particulièrement chargés des recherches d'archives ; un dépôt de documents, purement montmartrois, s'institua, en lequel chacun, aux séances mensuelles, se plut à apporter, gracieux, nombre de matières. Ce fut l'embryon du musée de la vieille commune, embryon devenu corps aujourd'hui et qui, en ses apparences modestes, constitue un dépôt des plus intéressants et instructifs.

Le « Vieux Montmartre » comprit aussi que les adultes ne devaient pas être appelés seuls à bénéficier de cette étude de Montmartre ; il voulut y faire participer les enfants des écoles communales de l'arrondissement. A cet effet, il les a conviés à des promenades archéologiques et historiques dans les rues intéressantes par leur histoire ou leurs maisons, promenades toujours précédées de conférences et instructives par les leçons données sur place.

Et chaque année, agrandissant son champ d'exploration, il a continué l'œuvre commencée, sans s'arrêter un instant, sans la moindre défaillance, uniquement préoccupé de son seul rôle d'instructeur et d'éducateur historique et archéologique de Montmartre.

Aujourd'hui, il peut être fier de cette œuvre.

Le premier, il s'est créé dans Paris comme société locale ; le premier, il a poussé les esprits travailleurs et curieux du passé à l'étude de ce passé, en ce qui touchait plus directement le lieu qu'ils habitent, c'est-à-dire leur petite cité dans la grande ; le premier, il a réveillé le goût de la conservation des aspects intéressants du « pays », de ses maisons ou de ses monuments historiques. Il a secoué l'indifférence en matière d'archéologie locale ; il s'est élevé contre l'esprit de nivellement quand même, sous le prétexte de voies nouvelles à construire ou de quartiers à transformer. Il a eu cette idée, assez simple cependant, qu'une rue à élargir pouvait être augmentée

de volume sans
qu'il fut nécessaire
de trancher impitoyablement, sous
prétexte de ligne droite et qu'il
était possible de donner à la dite
voie une forme courbe, si un monument de valeur historique ou
architecturale compait la fameuse
ligne droite projetée. Le premier,
enfin, il a entrepris, dans le seul
but de sauvegarde archéologique,
la lutte contre l'ingénieur niveleur
et rectangulaire.

Et bientôt, à l'imitation du
« Vieux Montmartre », des sociétés
similaire se sont créées : dans les xvie, ve, vie, viiie,
xie, xiie, xxe, arrondissements et enfin à l'Hôtel de

Ville même. Le « Vieux Paris », la société mère, celle que tout Parisien devrait soutenir de ses deniers autant que de ses vœux, à qui il doit et devra de voir Paris conserver son admirable caractère historique et archéologique, en se fondant officiellement, n'a été qu'une forme généralisée de notre modeste « Vieux Montmartre ».

Le « Vieux Montmartre », entre autres monuments, a sauvé l'église Saint-Pierre de la démolition ; quand il lui est impossible d'éviter qu'une modification de lieu s'accomplisse, il prend la précaution d'en retenir des vues sous tous les aspects, par le moyen de la photographie. Il a pu ainsi former une collection unique de vues photographiques qui, depuis 1886, constituent un historique topographique complet du xviiie arrondissement.

Deux cents membres environ composent cette société ; le premier vendredi de chaque mois ils se réunissent à leur siège social et apportent leur part individuelle des documents destinés à l'histoire du passé ou à celle future de l'arrondissement.

Un comité de vingt-quatre membres dirige l'administration du « Vieux Montmartre », un comité de publication préside à la confection du fascicule trimestriel, rédigé avec la plus scrupuleuse exactitude, la sincérité étant la base d'action du « Vieux Montmartre » ; au surplus, il suffit de citer les noms de ceux qui y ont apporté le fruit de leurs études ou de leurs recherches pour être édifié sur la valeur de cette publication — de nul rapport d'argent et toute onéreuse — Fernand Bournon, Amédée Burion, Capon, Compan, Gaston Duval, le Dr Fourès, Fél.x Jahyer, Lucien Lazard, Eugène Le Senne, Lucipia, Toussaint Martel, Alexis Martin, Jules Mauzin, H. Monin, le Dr Ollivier, Sauvageot, Charles Sellier, Wiggishoff, c'est-à-dire des archivistes paléographes, des professeurs, des hommes de lettres, des chercheurs passionnés de la science historique, des érudits, des artistes connaisseurs du passé, des architectes savants. La table seule de ces fascicules serait elle-même intéressante par le simple énoncé des titres de ces articles ou de ces notes ressuscitant un passé endormi, redonnant la vie à une maison ou à un monument ; reconstituant une place, un lieu *dit*, un carrefour ; revivifiant des êtres ; rétablissant une fête et rappelant mille faits intimes ou publics de ces sociétés montmartroises à jamais vécues.

Dans cette modeste société d'archéologie, nul ne manque à la tâche commune ; chacun y sacrifie partie de son plaisir ou de ses occupations au dehors. Tous coopèrent, sous des formes diverses et chacun selon ses forces, au bon fonctionnement de l'œuvre et tous, également, uniquement préoccupés de la haute pensée de cette œuvre, n'y collaborent que dans le seul but de répandre au dehors, le plus largement, cet enseignement historique et archéologique de la butte dont ils apportent incessamment les éléments à chaque réunion du « Vieux Montmartre ».

PIERRE DELCOURT.

Montmartre
Chorégraphique

La Mode n'est plus à la Danse, le sport sous toutes ses formes a détrôné le quadrille ; la bicyclette a remplacé le *Cavalier seul* ; les *en avant-deux* ne se font plus qu'en voiturette.

Les derniers bals célèbres de Montmartre la *Reine Blanche*, la *Boule Noire*, l'*Elysée Montmartre*, le *Bal du Grand-Turc*, la *Feuillée* sont disparus depuis dix ans. Seuls, le *Moulin de la Galette* et son concurrent plus moderne le *Moulin Rouge* restent encore les représentants de ce passé glorieux.

Chaque rue des quartiers nouveaux évoque le souvenir d'un de ces anciens temples de la Danse.

Le *Bal des Bosquets*, qui fut célèbre et ne fut démoli qu'en 1896, était situé rue de Maistre 11 et rue Constance 14 et 16 et c'était un des derniers vestiges du bois qui descendait la colline,

Le *Tivoli montmartre*, avant le bouleversement de la *Villa Blanche* (on nommait ainsi la Butte en 1813 à cause de ses carrières à plâtre) était assurément l'endroit le plus pittoresque de Paris, et était placé à gauche de l'escalier qui conduit au Sacré-Cœur; on en voit encore les vestiges.

Le *Petit Moulin rouge*, qui était au coin de la rue de l'Abreuvoir, se nommait présentement *A la Feuillée*

de Montmartre; il disparut par le percement de la rue Caulaincourt; c'est aujourd'hui une maison particulière, mais que de souvenirs il évoque.

Le *Château rouge*, dont l'emplacement est occupé par la rue Clignancourt, était une maison de plaisance qui fut donnée par Henri IV à Gabrielle d'Estrées. En 1814, le roi Joseph, frère de Napoléon, l'occupa militairement et y présida le Conseil de guerre de la défense de Paris. En 1845, il devint salle de bal et fut démoli en 1882.

Le *Bal de l'Ermitage* était situé boulevard Clichy, angle de la rue des Martyrs; son nom lui venait d'une légende qui voulait qu'un ermite eut habité de longues années une grotte qui se trouvait au fond du jardin; il disparut en 1860; à côté se trouvait l'*Elysée Buffet*.

Le *Bal des Auvergnats*, dont peu de Montmartrois se souviennent, se trouvait au centre d'un immense carré de verdure, bordant un des côtés de la rue de l'Abreuvoir. Pour bien danser il fallait boire; à la fin de la soirée, danseurs et danseuses étaient étendus côte à côte, fraternellement, sur le gazon mangeant une *soupe à l'herbe*.

La rue Caulaincourt a pris une partie de l'emplacement du *Bal des Auvergnats*; l'autre est occupée par un jeu de quilles où les Auvergnats régnent toujours.

La *Reine Blanche* était exactement où se trouve le *Moulin Rouge*; c'était un bal spécial, on n'y entrait pas en bonnet; il fallait l'avoir jeté par dessus les moulins, pour avoir droit de cité; la salle de ce bal est célèbre par la découverte, vers la fin du second Empire, d'une fabrique de bombes Orsini.

On ne danse plus sur la vieille butte aux moulins, mais on rit et l'on chante et le Moulin Rouge, à lui seul, remplace tous les bals disparus, ainsi que nous pourrions nous en convaincre si la statistique des *jambes en l'air* avait été commencée par quelqu'un de nos aïeux gambilleurs

ATTRACTIONS MONTMARTROISES

CHANSONNIERS

Pièces des AUTEURS GAIS, HUMORISTES, etc.

La Boîte à Fursy, 12, rue Victor Massé. Directeur : H. Fursy. *Téléphone*.

Le Carillon, 43, rue de la Tour d'Auvergne. Directeur : B. Millanvoye. *Téléphone 256-43*.

Le Grand Guignol, 20 *bis*, rue Chaptal.

Le Tréteau de Tabarin, 58, rue Pigalle. Directeur : M. Roriquet. *Téléphone 136-42*.

Les Quat'z'Arts, 62, boulevard de Clichy. Directeur : Trombert

Les Arts, 36, boulevard de Clichy.

Conservatoire de Montmartre, 108 boulevard Rochechouart.

CABARETS CHANTANTS

Cabaret Bruyant, 71, rue Pigalle. Directeur : Alexandre.

L'Alouette, 88, boulevard Rochechouart.

Cabaret Bruant, 84, boulevard Rochechouart.

Le Loup blanc, Brasserie Fontaine, rue Fontaine.

L'Ane Rouge, avenue Trudaine.

Le Cochon rose, rue des Martyrs.

Les rayons X, 27, rue Lepic.

La Vache enragée, 23, rue Lepic.

Salon Ludo, 86, avenue de Clichy.

CIRQUES.

Hippodrome, (6.500 places). *Téléphone.*
Cirque Médrano (Boum-Boum), boulevard Rochechouart, 63. *Téléphone 240-65.*

BALS, MUSIC-HALLS

Le Moulin Rouge, concerts, bals à 10 h. boulevard,
de Clichy
Le Casino de Paris, rue Blanche et rue de Cli-
chy.
Le Moulin de la Galette, 79, rue Lepic.
Trianon.

CAFÉS-CONCERTS.

**Européen, Gaîté Rochechouart, Diva, Japonais.
la Cigale, la Fourmi, la Côte d'Azur**, etc.
Mêmes spectacles que dans les cafés-concerts des
autres quartiers de Paris.

CURIOSITÉS, EXHIBITIONS

Le Ciel, boulevard de Clichy, 53.
L'Enfer, boulevard de Clichy, 53.
Le Cabaret du Néant, boulevard de Clichy, 34
La fin du Monde, boulevard de Clichy, 49.
Le voyage à Lilliput, boulevard de Clichy.
Le cabaret des Assassins, rue des Saules et rue
Saint-Vincent.

THÉATRES

La Bodinière, rue Saint-Lazare, Bodinier, direc-
teur.
Nouveau Théâtre, rue Blanche.
Théâtre Trianon, 84, boulevard Rochechouart.
Théâtre du Cercle Pigalle, cité d'Orient.
Théâtre (où a commencé le *Théâtre libre*), passage
de l'Élysée des Beaux-Arts.

Théâtre Maguera, 50, avenue de Clichy.
Théâtre Montmartre, place du Théâtre.
Le Grand Guignol, 20 *bis*, rue Chaptal.
Les Folies Parisiennes, rue Fontaine (ancien Champ de Foire).

COLONIES MONTMARTROISES.

Paris. *Rive gauche* :

Le Grillon, rue Cujas, au coin du boulevard Saint-Michel. Chansonniers des deux rives de la Seine chantant leurs œuvres. Directeur artistique · Marcel Legay,

Les Noctambules, rue Champollion.

Bordeaux :

Le Chat-Huant.

Bruxelles :

La Comète, (ancien Diable au corps).

Genève :

Le Chat-Pitre, Henniot, directeur. A Carrouge, Casino de l'Espérance.

Tunis :

Le Chat noir tunisien.

Dans toutes les villes universitaires de France et de l'Étranger, les membres du Cercle de l'Association des Etudiants font volontiers fonctions d'*agents consulaires* de Montmartre et l'on trouvera auprès d'eux tous les renseignements désirables sur la Butte.

———

JEHAN SARRAZIN
le Poète aux Olives

Un beau matin, il est débarqué du Midi avec un baril de poésies et un volume d'olives qu'il est allé offrir de café en café. Sarrazin est devenu rapidement populaire, à Montmartre surtout, grâce à ses olives qui sont excellentes.

MUNICIPALITÉ DU XVIIIᵉ ARRONDISSEMENT
BUTTES-MONTMARTRE

Composé des Quartiers des Grandes-Carrières, de Clignancourt, de la Goutte-d'Or et de la Chapelle.

Mairie située rue Ordener, 115

Maire :

Cн. PUGEAULT, Chevalier de la Légion d'honneur, Officier de l'Instruction publique, boulevard de Clichy, 130.

Adjoints :

TEISSÈDRE, Officier d'académie, rue de la Chapelle, 80.
JOSSET, Officier d'académie, rue des Abbesses, 28.
DOUILLET, Officier d'académie, rue du Mont-Cenis, 111.
BERTRAND, rue Versigny, 10.
PATUREAU, rue Ordener, 60.

Secrétaire, Chef des bureaux :

BRÉJEAN Jules, Officier d'académie.

Sous-Chef des bureaux :

COURAJOD, Officier d'académie.

Les bureaux sont ouverts de 9 heures du matin à 6 heures du soir (dimanches et fêtes exceptés.

Bureaux d'Etat-civil : Naissances et décès, ouverts dimanches et fêtes de 9 heures à 2 heures.

M. le Maire reçoit ses administrés en son cabinet, à la Mairie, les mardi, de 2 h. à 5 h. et les vendredi, de 10 h. à 11 h. 1/2, le matin, et le soir, de 2 h. 1/2 à 5 h. 1/2.

Service de MM. les Adjoints, de 11 heures à midi :

Lundi, M. TEISSÈDRE ; *Mardi*, M. PATUREAU *Mercredi*, M. JOSSET ; *Jeudi*, M. DOUILLET ; *Vendredi*, M. TEISSÈDRE ; *Samedi*, MM. BERTRAND et PATUREAU.

Les mariages sont célébrés tous les jours de la semaine, de 11 h. à midi. En dehors de ces heures, une somme de 50 fr est demandée par l'officier de l'état-civil, au profit de la Caisse des Ecoles.

De Paris
à Montmartre

COMMENT ON VA VERS LA BUTTE

De même que tout chemin mène à Rome, de même toute rue, tout boulevard mènent à Montmartre. Il y a mille et un moyens de se rendre à cette capitale de Paris — car Montmartre, on l'a dit et on ne saurait trop le redire, est la capitale de la capitale du monde !

Tout d'abord on y va à pied, comme en pèlerinage, en escaladant pieusement les pentes de la Butte, en prenant l'abrupte rue des Martyrs par exemple.

Mais il y a bien d'autres moyens de locomotion, moins fatigants : il y a les omnibus, les tramways, les fiacres ; il va y avoir même dit-on, un train funiculaire qui passera par la rue Blanche. Il y a enfin ces modes de transports si utiles, si agréables, le cyclisme et l'automobilisme.

La bicyclette et le véhicule automobile sont d'ailleurs en pleine vogue à Montmartre et il y a peut-être une raison de ce fait. C'est que l'un des fabricants les plus justement réputés de cycles et de motocycles, est un enfant de Montmartre, où tous les artistes le connaissent et l'estiment. J'ai nommé Comiot.

Comiot, qui, avec Steinlen, avec Willette, avec Goudeau, Meusy, etc., fut l'assidu commensal de l'ancien Chat-Noir, Comiot a dirigé son activité vers la locomotion nouvelle et dans la maison réellement modèle qu'il a créée au 87 du boulevard Gouvion-Saint-Cyr — à dix minutes de Montmartre en bicyclette, à six ou sept en motocycle ! — il a réuni tout ce qui peut avoir trait au cycle et à l'automobile.

Et il a mis à créer et à développer sa maison, l'ardeur et le goût que d'autres ont employé à écrire un poème ou à composer quelque musique savante Méthodiquement, il s'est attaché à réunir, en un tout complet, les éléments les plus divers du commerce cycliste et automobile. Et il a pleinement réussi.

Et c'est pourquoi la bicyclette et le motocycle qui portent sa marque sont célèbres, à si juste titre, qu'il n'est pas besoin d'en dire plus long que de leur appliquer ce qualificatif : ils sont parfaits, absolument parfaits.

Mais ce qu'il faut signaler à tous les sportsmen

de Montmartre, de Paris, de la province et du monde, c'est le choix réellement extraordinaire, unique sans doute d'accessoires et de « pièces détachées » relatifs au cycle et à l'automobile qu'on trouve dans les magasins Comiot.

Il y a là de quoi construire soi-même, des bicyclettes et des motocycles, en achetant depuis le moindre écrou jusqu'au moteur et bien des fabricants ne se font pas faute de se fournir au 87 du

C. COMIOT

boulevard Gouvion-Saint-Cyr — certains de ne pouvoir trouver mieux autre part pour établir des machines hors ligne avec ces pièces qui défient toute concurrence.

C'est que Comiot est le représentant pour la France des plus célèbres usines étrangères, entr'autres de la fameuse marque « Eadie », des ateliers de laquelle sont sortis et sortent toujours annuellement la moitié des cadres, des moyeux, des pédaliers, des pédales, etc., avec lesquels sont construites toutes les bonnes machines.

Je ne veux pas terminer ce chapitre sans signaler la belle affiche que Comiot a fait exécuter pour sa maison et dont nos lecteurs auront la bonne fortune de trouver ici une exacte reproduction.

Fidèle à ses anciennes amitiés, c'est au maître montmartrois Steinlen, que Comiot s'est adressé pour le dessin de cette page et il en a été récompensé. Aucune marque ne peut se vanter d'avoir sur les murs de Paris, une affiche plus vivante et plus artistique à la fois, qui symbolise d'une façon plus originale la joie de s'en aller sur un motocycle parfait, vers la campagne, par les routes ombreuses de notre belle France.

Aussi n'est-ce pas qu'à Montmartre qu'on voit des machines « Comiot ». On en rencontre partout: au Bois de Boulogne comme dans les rues de Paris, comme en province et à l'étranger. La marque Comiot est universelle.

Poètes qui chantiez dans vos vers dolents les regrets amers de l'humanité rivée au sol et votre jalousie de l'oiseau; vous qui, le regard perdu dans l'espace gémissiez:

des ailes ! des ailes ! !

Faites joyeusement vibrer les cordes de votre lyre et célébrez Comiot qui vous a donné plus que des ailes en créant le motocycle Comiot !

MOTOCYCLES COMIOT

Paris
27 B...

Affiche de Steinlen

POUR

La Maison Comiot

AU BOIS DE BOULOGNE

La nuit, à Montmartre passe vite : les chansons narquoises et les rires des belles lèvres font couler les heures sans qu'on s'en aperçoive et voici, après les joyeuses lumières que reflètent les cristaux et les liqueurs multicolores, voici l'aube délicieuse, mauve, rose et si froide, qui désaltère autant qu'une eau bienfaisante.

C'est le moment de quitter la ville : car avec les rumeurs du matin, la poussière se lève. Allons vers les ombrages exquis du bois de Boulogne ; allons par ces allées uniques au monde, plantées d'acacias séculaires et, par couples ou par essaims, rendons-nous dans ce ravissant site champêtre qu'on a surnommé les Châlets du Cycle, à cause de ce moyen excellent de locomotion qui permet de s'y rendre agréablement

et que M. Marais, le directeur de l'endroit, a transformé en un véritable Éden.

C'est là que se donnent rendez-vous les sportsmen
de tous les mondes et les... amoureux; car, sous des
tentes coquettes, dans des salles et des cabinets
luxueux, on dîne merveilleusement aux Châlets du
Cycle. Le chef de cuisine est en effet célèbre, à ce
point qu'un roi, après un festin arrosé de vins sans
pareils et rhythmé de l'enivrante musique des tzi-
ganes, voulut l'enlever à M. Marais !

Mais le chef refusa de quitter les Châlets du Cycle,
dont la vogue ne cesse de s'étendre de plus en plus
loin !

NE QUITTEZ PAS MONTMARTRE

SANS VISITER LE

GRAND BAZAR NATIONAL

12, Rue de Clignancourt, 12

> **Vaste Établissement vendant de tout**
>
> **Le meilleur marché de tout Paris**

20 RAYONS DES MIEUX ASSORTIS

SPÉCIALITÉ

d'Articles pour Cadeaux, Souvenirs de l'Exposition
Fantaisies, Nouveautés
Jouets, Porcelaine et Cristaux, Articles de Ménage
Articles de Voyage
Lingerie, Chapellerie, Confection, Bonneteri
Chaussures, etc...

ENTRÉE LIBRE

Livraison à domicile   **TÉLÉPHONE 407.49**

BON-PRIME A DÉTACHER

Un superbe sous-main buvard avec vues et plan Exposition sera offert pour tout achat de 5 francs à la personne qui rapportera ce Bon.

Établissements de Montmartre
RECOMMANDÉS

BRASSERIE-RESTAURANT GAMBRINUS

Au coin de l'avenue Trudaine et de la rue des Martyrs ; c'est là que se réunissent les auteurs en vogue et les chansonniers montmartrois. On y soupe confortablement en joyeuse compagnie.

TAVERNE DE L'ERMITAGE
6, boulevard Clichy

Un des plus célèbres cafés de Montmartre ; clientèle de peintres et d'artistes ; le plus agréable par les dimensions de ses salles et l'ornementation qui est très réussie. Excellentes consommations. Déjeuners et dîners à prix fixes.

CAFÉ DES COLONNES
112, boulevard Rochechouart

Établissement de premier ordre, clientèle d'artistes et de bourgeois ; le service ne laisse rien à désirer. Proche de la *Cigale*.

Grand Bazar National
12, rue de Clignancourt

VASTE ÉTABLISSEMENT VENDANT DE TOUT
LE MEILLEUR MARCHÉ DE TOUT PARIS

Grande Pharmacie
du XXe Siècle

17 bis, BOULEVARD ROCHECHOUART, PARIS

Vendant au Détail au prix du Gros

www.ingramcontent.com/pod-product-compliance
Lightning Source LLC
Chambersburg PA
CBHW051738090426
42738CB00010B/2323